CEO,
위기의
허들을 넘어라

천천히 서둘러라(Festina Lente)

- 아우구스투스

CEO,
위기의
허들을 넘어라

CEO PARTNERS

| 책을 엮으며 |

역경을 이겨낸 CEO, 불꽃같은 기업가 정신

손홍락

[월간CEO&] 발행인
(주)시이오파트너스 대표이사

존경하는 독자 여러분, 안녕하십니까? [월간CEO&] 발행인 손홍락입니다.

지난해 2024년 10월25일, [월간CEO&]은 '2024 CEO의 날' 행사를 개최했습니다. 제가 CEO 언론에 몸담은지도 30여 년이 지났고, 그동안 만났던 CEO 명함만 6천 개, 직접 인터뷰한 CEO가 1,000여 명이 넘을 정도로 많은 CEO들을 만났습니다.

모두 우리 경제계와 산업 현장에서 직접 두 발로 뛰며 국가 경제를 이끌던 분들이었습니다. 하나같이 뚜렷한 경영 철학과 사명감으로 기업의 구성원들을 격려하며, 몸소 맨 앞에서 땀을 흘린 그 분들에게 지금도 존경심을 감출 수 없습니다.

제가 만나본 CEO들은 각자 개성이 뚜렷했습니다. 결단이 빠르고 추진력 강한 분이 있는가 하면, 돌다리도 두들기며 건너는 분도 계셨지요. 좌중을 휘어잡는 카리스마의 소유자, 작은 의견 하나도 끝까지 경청하는 젠틀맨, 유머와 흥이 넘치는 유쾌한 리더, 절차와 계획을 엄수하는 원칙주의자 등 정말 다양한 스타일의 CEO들이 각기 다른 꽃과 과일, 독특한 색깔과 향기로 대한민국 경제의 숲을 울창하게 만들어 국가에 이바지했습니다.

저마다의 성향은 달랐지만, 공통점 한 가지는 있었습니다. 남들이 자신의 노력을 알아주지 않는다고, 왜 이렇게 열심히 일하는데 인정해주지 않느냐고, 볼멘 소리로 불만을 털어놓던 분들은 단 한 명도 없었습니다. CEO들에게는 당장 눈앞에 할 일이 너무 많았고 목표에 대한 의지와 집념도 강했습니다.

사소한 일로 소중한 시간을 허비하기 싫다는 마음의 발로였다고 생각합니다. CEO들의 큰 그릇에 감탄했지만, 세월에 묻혀 잊혀가지 않도록 누군가는 반드시 기억하고 챙겨야 합니다. 부족하지만 제가 그 역할을 자임하며 지난 2024년 10월 25일 드디어 '2024 CEO의 날' 행사를 진행했습니다.

달력에는 온통 기념일 투성이인데, 정작 우리 경제계를 이끌며 앞장서서 먹거리와 일자리를 만들고, 글로벌 경제·문화 선진국의 위치에 밀어올린 주역, CEO의 날은 눈 씻고 찾아봐도 없다는 것은 부당하다는 게 제 생각입니다. 그래서 기념일을 기획하고 많은 CEO들을 초청한 자리에서 열여덟 분을 선정해 특별한 상을 드렸습니다.

이 책에 실린 열 여섯 명 CEO들의 경영 스토리는, 최고의 애국자들에게 글쟁이로서 드리는 최상의 헌정입니다.

모두 잠든 밤에 홀로 깨어 고민하는 사람, 고독을 숙명으로 생각하며, 뚜벅뚜벅 정진하는 사람, 구성원과 함께 나아가야 할 목표를 찾고, 정확한 방향과 항로를 제시하는 사람, 오로지 '도전정신' 하나로 무에서 유를 창조한 종합예술가, 무수한 실패와 시련을 딛고, 다시 일어나 또 도전하는 개척자들, 이 책에 실린 인물들에게 진심으로 존경을 전합니다.

독자 여러분들이 마지막 장을 덮고 난 뒤에도, 역경을 이겨낸 CEO들의 흥미진진한 스토리가 가슴에 남아 오랜 여운이 지속되기를 진심으로 바랍니다.

| 추천의 글 |

돌아보니 높은 산, 굽어보니 깊은 골

이병건
2024 CEO의 날 조직위원장
지아이이노베이션 대표이사 회장

안녕하십니까? '2024 CEO의 날' 조직위원장 이병건입니다.

지난해 2024년 10월25일, [월간CEO&]과 함께 '2024 CEO의 날' 행사를 개최했을 때, 그 자리에 있던 CEO들과 함께 가슴 벅차오르던 기억이 새롭습니다. 조직위원들과 함께 행사에서 상을 받으실 CEO를 선정하기 위해, 많은 의견을 주고받았습니다. 조직위원장으로서 막중한 책임감을 갖고 신중한 고민을 했습니다. 최종 심사를 마친 뒤 홀가분한 마음과 함께 상을 드리지 못한 다른 CEO들에게 송구함도 감출 수 없었습니다.

이 책에 실린 열여섯 분의 CEO들은 모두 저마다의 경영철학과 강한 신념으로 자신의 분야에서 일가를 이룬 분들입니다. 이분들의 굴곡 많았던 경영 스토리들이 한 권의 책으로 출판되는 지면에 축하 인사를 전할 수 있어 진심으로 영광스럽습니다.

한 분야에서 정점에 선 CEO들은, 지난 19세기 이전 아직 과학 문명이 체계를 잡지 못한 시대에 거친 바다를 헤치고 목적지로 항해하는 선장과 같다고 생각합니다. 맑은 날씨, 잔잔한 파도, 지시가 떨어지면 곧바로 척척 이행하는 베테랑 선원들로만 스탭을 구성해 안전하고 행복한 항해가 지속되면 얼마나 좋겠습니까?

항해에 나선 선장은 항구를 떠난 지 얼마 되지 않아 가혹한 환경에 정면으로 부딪칩니다. 예상을 비껴가는 변화무쌍한 날씨, 점점 거칠어지는 파도와 흔들리는 선체, 때로 항로를 벗어나 낙오하기도 하고, 식량과 물이 떨어져 굶주림과 갈증에 시달리기도 합니다. 지친 선원들의 눈이 충혈되고 선상 반란이 일어나기 직전의 절박한 선장, 바로 그 심정이 기업을 이끄는 CEO들의 마음입니다.

간혹 이런저런 모임에서 CEO들이 지나간 위기에 대해 회고할 때, 그들의 목소리가 담담한 이유, 표정이 차분한 까닭에 대해 굳이 묻지 않아도, 같은 위치에 처해봤던 사람들은 이미 충분히 공감이 가기 때문에 가벼운 이심전심의 미소로 상대방을 위로합니다. 격앙된 목소리, 혼돈의 표정을 발견하지 못해도 조용히 그때 그 심정의 간절함을 이해합니다.

히말라야 산맥의 험준한 고산 봉우리들을 정복한 전문 산악인들을 만나보면, 의외로 수줍고 마치 소년같은 해맑은 미소를 간직하고 있어 놀랄 때가 있습니다. 거친 산사나이의 무용담은커녕, 이제 막 학교를 졸업한 순수한 청년처럼 눈매가 선합니다.

역경을 헤치고 마침내 안정을 찾은 CEO들의 모습이 대개 그렇습니다. 당시에는 절박하고 애가 탄 심정에 목이 바짝 말라도, 단비 한 방울에 목숨을 건 혹독한 길을 지나왔어도, 지나온 길에 대해 원망과 비탄을 쏟아내지 않습니다. '돌아보니 높은 산, 굽어보니 깊은 골'이란 경지의 통찰력은 역경을 겪어본 사람들만의 전유물입니다.

책에 실린 열여섯 분 CEO들에게도 남들이 짐작하지 못할 역경과 고난의 스토리들이 천 권의 역사처럼 파란만장할 것으로 짐작됩니다. 한 권의 책에 다 담아내지 못하는 것이 못내 아쉬울 따름입니다.

부디 이 책을 통해서 독자 여러분들에게도 CEO들의 자부심과 자신감이 조금이나마 전해졌으면 하는 바람입니다. 출판에 애쓴 손홍락 발행인과 편집부 스태프 여러분들에게도 진심 어린 감사의 마음을 전합니다.

| 추천의 글 |

수상자 명예 높인 엄정한 심사

맹명관

마케팅스페셜리스트
'불황기면역력' 저자

종종 우리는 공기의 소중함을 알면서 그 존재를 잊기도 합니다. 이번 CEO날 제정의 감회가 그러했습니다. 우리 기업의 리더이자, 국가 경제의 중심인 CEO의 날이 없다는 것이 항상 아쉬웠습니다.

CEO, 그들이 누구인가요? 조직의 주도자로서 회사의 비전과 목표를 세우고 이끄는 리더입니다. 막중한 책임감으로 늘 무거운 짐진 사람처럼 고단한 일상을 보내지만, 구성원들의 사기를 생각해 피곤한 기색마저 드러낼 수 없는 사람입니다.

그들의 노고를 위로하고 격려하며 미래의 비전을 나눈다는 측면에서 CEO의 날 제정은 반드시 필요했습니다.

CEO들을 위한 경영·라이프스타일 전문 매거진으로서 날이 갈수록 연륜이 쌓여가는 [월간CEO&], 누구도 생각하지 못한 '2024 CEO의 날'을 제정하고 각 분야의 탁월한 경영자들을 선정, 수상해 이를 기록에 남긴다는 사실 자체가 높이 평가하고 칭찬할만한 일이라고 생각합니다.

일일이 원고를 다듬어 한 권의 책으로 엮어냄으로써 수상자들에 대한 헌정에 완성도를 더한 [월간CEO&]의 배려에 진심으로 감사의 인사를 전합니다. 같이 수고해주신 조직위원회 여러분들에게도 따뜻한 감사와 존경의 마음을 드립니다.

CEO의 날 조직위원회에서는 엄선된 심사 기준에 따라 토론을 진행하고 최종 열 여덟 분의 CEO들을 수상자로 결정했습니다. 우선 기업 선정에 있어 CEO 선언에 표방한 5가지 요소 즉, 공정한 경쟁, 상생협력, 사회공헌, 국가경제 이바지, ESG 경영에 적합한 기업인지 꼼꼼하게 살펴보았고, 변화와 혁신에 얼마나 선도적인 역할을 하고 있는지도 검토했습니다.

아울러 창의력과 통찰력, 건강한 윤리적 가치관, 그리고 소통 능력을 통해 기업의 미래 성장까지 논할 수 있는 적합한 CEO인지도 놓치지 않았습니다. 수상자들에게 다시 한번 축하의 인사를 드립니다. 많은 이들의 롤모델로서 손색이 없는 선정에 마음이 흡족합니다.

CEO들의 경영 현장은 영화나 드라마에서 보는 것처럼 대우받는 자리라기보다, 총성이 난무하는 전쟁터에서 병사들을 지휘하는 지휘관처럼 절박하고 냉정한 사선이라고 할 수 있습니다. 새로운 동력을 창출하느라 밤을 새운 뒤 새벽을 맞기도 하고, 때로 상품을 판매하는 세일즈 최전선에서 직접 호객하는 역할도 마다치 않아야 합니다. 모든 결정에 마침표를 찍고 최종 결과에 책임을 지는 막중한 자리가 바로 CEO들입니다.

역경을 이겨내고 위기를 극복하는데 앞장선 CEO들이, 그 해 거둔 결실과 수확을 구성원들과 기꺼이 나누는 통 큰 결단을 볼 때마다 흐뭇합니다. 이 책에 실린 수상 CEO들의 면면도 그러합니다. 열여섯 꼭지의 감동적인 경영스토리가 역경에 처한 많은 도전자들에게 위로와 격려가 되고 힘찬 응원이 되기를 기원합니다. 주저없이 일독을 권하는 마음이 홀가분합니다.

아무쪼록 거듭된 경제 불황기에 출간된 이 책이, 우리 출판계와 경제계에 한줄기 빛같은 희망이 되어 도도한 물길을 열어주기를 간절히 소망합니다.

| 추천의 글 |

기업가는 진정한 애국자

홍대순
광운대 경영대학원 교수
〈한국인에너지〉〈아트경영〉 저자
〈코리아찬가〉 음반제작

위대한 역사에는 반드시 그 첫출발이 있습니다. 경영프리미엄 매거진 [월간 CEO&] 15주년을 맞이하며 선포한 '2024 CEO의 날'은 대한민국 산업, 경제역사에 있어서 매우 소중한 이정표가 될 것입니다. 또한 오약칠풍(五約七風)으로 구성된 'CEO선언' 역시 인상적이었습니다. 아울러 CEO의날을 맞아 수상자로 선정되신 기업과 최고경영진께 무엇보다도 축하의 말씀을 드리며, 이를 기념하며 책이 출간되어 반갑기 그지 없습니다.

기업가는 진정한 애국자입니다. 소리없는 총성인 산업전쟁속에서 혁신적인 기술 등을 통해 인류문명과 세상을 바꾸어나가며, 지속적인 일자리를 창출하여 국부창출을 견인하기 때문입니다. 따라서 금번에 선포한 '2024 CEO의 날'은 단순히 CEO를 축하하고 기념하는 자리를 넘어서서, 진정한 기업가정신(Entrepreneurship)을 되새기는 날이기에 더욱 더 의미가 각별하다고 생각합니다.

기업의 CEO에게는 거침없는 미래를 향한 다짐의 시간이 될 것이며, 미래의 주역이 될 청소년을 비롯한 젊은층에게는 '샐러리맨'이 아니라 진정한 '기업가·리더'를 꿈꾸며, 희망과 도전, 그리고 용기를 대한민국 사회가 북돋워주며, 그야말로 온국민 축제의 날로 자리매김 되어야 할 것입니다. 이를 통해 기업가가 존중받고 존경받는 사회문화가 형성될 것입니다. 또한 'CEO의 날'은 향후 법정기념일 제정도 건의할 필요가 있습니다.

이 책에서 소개되고 있는 다양한 산업분야의 경영스토리들은 독자여러분들께 또다른 '생각의 렌즈'를 선사할 것입니다. 감동과 통찰이 넘쳐나는 내용을 만끽하시고, 기업인들은 "우리기업은 왜 존재하는가?"라는 화두와 함께 지구촌을 호령하는 최고의 기업이 되는 담대한 청사진을 그리는 계기가 되시길 바랍니다. 또한 청(소)년들은 "나는 왜 이 지구별에 태어났는가"라는 화두와 함께 미래의 꿈을 스케치하는 그 무엇보다도 소중한 시간이 되었으면 합니다.

아울러 [월간CEO&]의 손홍락 대표님과 매거진 [월간CEO&]의 무한한 건승과 발전을 기원드립니다.

| 차례 |

004 　책을 엮으며　　[월간CEO&] 대표 손홍락
006 　추천의 글　　　이병건 [2024 CEO의 날] 조직위원장/지아이이노베이션 회장
　　　　　　　　　　맹명관 중소기업혁신전략연구원 전임교수/맹명관아카데미 총괄교수
　　　　　　　　　　홍대순 광운대 경영대학원 교수

016 　**한국CEO경영대상 | 뉴 테크놀로지 부문**
　　　강정호 미니쉬테크놀로지 대표 / 미니쉬치과병원 대표원장
　　　자연 치아 평생쓰기를 위해 복구 치료 '미니쉬'를 세상에 내놓다

032 　**한국CEO경영대상 | 우리 시대의 리더 부문**
　　　구자관 삼구아이앤씨 책임대표사원
　　　손이 시렵지 않고 발이 시렵지 않은 어느 봄날이었다.

048 　**한국CEO경영대상 | 선한 영향력 부문**
　　　김민지 브이드림 대표
　　　사람과 기술이 만든 장애 없는 세상

064 　**한국CEO경영대상 | 브랜드 파워 부문**
　　　김병주 참약사 대표
　　　뉴-디지털 헬스케어 시대 여는 '포용의 혁신가'

080 　**한국CEO경영대상 | 디지털 대전환 부문**
　　　김상민 부산디지털자산거래소(Bdan) 대표
　　　금융의 디지털 대전환 이끄는 비전 메이커

096 　**한국CEO경영대상 | 지혜와 통찰력 부문**
　　　김영철 바인그룹 회장
　　　100년 기업을 염원하는 간절한 포도나무

112 　**한국CEO경영대상 | 국가 보건·의료 부문**
　　　문관식 한국의료재단 대표
　　　K-메디컬의 새 지평을 여는 건강검진 선구자

128 **한국CEO경영대상** | 동반과 성장 부문
백현 롯데관광개발 대표이사
길이 없는 곳에 길을 내는 CEO

144 **한국CEO경영대상** | 뉴 제너레이션 부문
신지혜 픽스다인무브먼트 대표
같은 곳을 바라보는 동반자, 함께 성장하는 수평적 리더십

160 **한국CEO경영대상** | 신기술 혁신 부문
유태준 마음에이아이 대표
휴머니즘 인공지능

176 **한국CEO경영대상** | 비즈니스 혁신 부문
이동열 코리아테크·가히 대표
시장은 늘 정직하다, 소비자에게 귀를 열어라

192 **한국CEO경영대상** | 특별상 부문
이승한 홈플러스 창업회장 | 넥스트앤파트너스 회장
기업가 정신 되살리는 통찰경영의 마에스트로

208 **한국CEO경영대상** | 우리 시대의 리더 부문
이주용 KCC정보통신 회장
ICT 코리아 싹을 틔운 디지털 개척자

224 **한국CEO경영대상** | 창의와 혁신 부문
조서윤 다원앤컴퍼니 회장
멀리 보고 오래 간다, 꾸준한 스페셜리스트

240 **한국CEO경영대상** | MICE 혁신 부문
하승희 아시아레이크사이드호텔 대표
존중과 배려의 리더십 가치를 만드는 CEO

256 **한국CEO경영대상** | 혁신크리에이티브 부문
한만순 라인컬렉션·옴므 대표
43년 패션 장인, 'K-패션'의 뉴웨이브 이끌다

'2024 CEO의 날' 제정 기념 선언문

五約,
대한민국 CEO들이 제시합니다.
우리 사회를 건강하게 만드는 다섯 가지 약속!

하나, 우리는 공정한 경쟁을 지향합니다.
부정·부패를 척결하고 건전한 상거래 질서를 정착시키겠습니다.

하나, 우리는 상생 협력을 도모합니다.
기업 생태계를 조성하고, 기술 교류에 힘쓰겠습니다.

하나, 우리는 사회공헌에 앞장섭니다.
지역사회 발전과 인재 양성 노력을 지속하겠습니다.

하나, 우리는 국가 경제에 이바지합니다.
국익을 수호하고 일자리 창출에 기여하겠습니다.

하나, 우리는 ESG경영을 추구합니다.
저탄소·친환경·투명한 경영 노력을 펼치겠습니다.

七風,
대한민국 CEO들이 전개합니다.
우리 사회를 아름답게 만드는 일곱 가지 바람!

1. 불어라, 義風 의로운 바람!
우리 사회 곳곳의 정의로운 사례를 발굴하고 널리 전합시다.
정의가 강물처럼 흐르는 사회, 칭찬 하나로 시작할 수 있습니다.

2. 불어라, 美風 아름다운 바람!
어려운 처지의 이웃, 소외계층에 대한 지원을 실천합시다.
'사회적 이윤'을 추구하는 것도 기업의 존재 목적입니다.

3. 불어라, 熱風 앞서가는 바람!
열심히 공부하고 경쟁을 통해 발전하는 문화를 만듭시다.
시대를 정확히 읽어야 세상이 뚜렷하게 보입니다.

4. 불어라, 正風 올바른 바람!
정직하고 성실한 태도가 성공한 삶이라는 선례를 만듭시다.
편법과 반칙, 임기응변의 효과는 결코 오래가지 않습니다.

5. 불어라, 薰風 훈훈한 바람!
노력의 성과를 거둔 사람에게 아낌없는 격려와 성원을 보냅시다.
인내의 결실, 도전정신의 수확으로 우리 경제가 풍성해집니다.

6. 불어라, 仁風 너그러운 바람!
사심 없는 응원과 격려로 관용의 풍토, 포용의 사회를 만듭시다.
대립과 반목, 질시가 사라져야 창의적인 융합이 가능합니다.

7. 불어라, 勇風 도전의 바람!
기업의 도전정신을 되살려 대한민국을 활기로 채웁시다.
도전하는 용기, 긍정의 화답이 선순환의 생태계를 조성합니다.

16인의 이야기 시작합니다.

자연 치아 평생쓰기를 위해 복구 치료 '미니쉬'를 세상에 내놓다

한국CEO경영대상
뉴 테크놀로지 부문

강정호 미니쉬테크놀로지 대표 / 미니쉬치과병원 대표원장

치아가 한번 무너지면 그것을 회복시킬 방법이 없어서 튼튼한 치아를 오복 중 하나라고 생각했던 과거와 달리, 지금은 의료 기술이 발달하여 노년까지도 건강한 치아를 유지할 수 있게 되었다. 또한 현대인들은 치아를 단순히 건강을 유지할 수 있는 기능을 하는 것으로만 생각하지 않고, 치아를 통해 아름다움과 젊음, 즉 안티에이징을 표현하고 싶어 한다. 이러한 현대인들의 욕구를 충족시키기 위해 치열한 기술개발로 혁신적인 치아 복구 솔루션을 만든 기업이 있다. 치과 전문의 강정호 원장이 대표로 있는 미니쉬테크놀로지가 그 주인공이다.

복은 갖고 태어난 것이 아니라 만드는 것

중국 고전 〈서경〉에는 인간의 삶을 풍요롭게 만드는 다섯 가지 복, 오복에 관한 이야기가 나온다. 다섯 가지 복 중 하나가 강녕(康寧)에 관한 것으로, 인간의 삶을 풍요롭게 만드는 데에 건강이 필요하다는 생각이 담겨 있다. 건강을 유지할 수 있는 가장 큰 요소는 섭생이다. 음식을 통해 영양분을 체내로 흡수시켜 삶을 유지할 수 있게 해서다. 그때 큰 역할을 하는 것이 치아이며, 그래서 옛사람들은 건강한 치아를 가지고 태어난 것을 복, 행운으로 여겼다. 하지만 지금은 의료 기술이 발달하여 손상된 치아를 복구할 수도 있고, 치아가 빠진 자리에 새 이를 심을 수도 있다. 그러니 이에 관한 한, 복은 가지고 태어난 것이 아니라 만들 수 있는 것이다. 강정호 대표가 이끄는 미니쉬테크놀로지의 이야기를 들으면 그 말에 더 수긍하게 된다.

의료테크 기업 미니쉬테크놀로지의 '미니쉬'는 자연치아로 되돌리는 치아복구 솔루션 이름이다. 손상된 치아를 환자가 가지고 있던 본래의 치아 상태로 만드는 데에 목적이 있는 치료법으로 미니쉬에는 강정호 대표가 오랫동안 환자를 진료하면서 갖게 된 철학이 반영되어 있다.

"젊었을 때는 돈을 많이 벌면 행복해질 줄 알았어요. 하지만 돈과 행복이 일치하지 않더군요. 오히려 남을 위한 행위를 할 때 행복해지더라고요. 그런 경험을 하면서 내가 생각하는 가치를 실현하는 데에 행복이 있다는 걸 알게 됐죠. 그래서 저는, 제가 가진 기술로 환자들을 돕는 일을 할 수 있어서 복 받았다고 생각하고 환자들의 불편함을 최대한 줄이고, 만족도를 높일 수 있는 치료 방법을 연구해 왔어요. 그 결과가 미니쉬였습니다."

치과 진료를 받는 환자들을 중심에 두고, 그들이 최적의 조건에서 최상의 결과물을 얻고 그걸 통해 행복하길 바라는 것이 강정호 대표가 추구하는 진료 방향이다. 그런 점에서 강정호 대표는 복, 행복을 만드는 사람인지도 모른다. 강정호 대표가 이처럼 환자 중심의 사고를 하게 된 것은 치과 개원 초기에 만난 환자들과의 교감을 통해서였다.

아픔에 대한 공감

강정호 대표는 20년 전인 2005년, 성남에 개인병원을 개원했다. 그런데 강 대표가 개원한 지역에는 치과가 많았고 그만큼 경쟁도 심했다. 경쟁에서 버텨내기 위해서는 차별화할 수 있는 전략이 필요한데 그 당시 강 대표는 젊었고 따라서 임상 경험도 많지 않아서 내세울 수 있는 강점이 없었다. 그러다 생각한 것이 야간 진료였다.

"젊으니까 체력만큼은 자신있었죠. 거기다가 성실함도 있었고요. 그래서 생각해 낸 것이 남들이 하지 않은 야간 진료였어요. 그때만 해도 야간 진료라는 개념이 없었거든요. 특별한 요일을 지정해 야간 진료하는 곳은 있었겠지만, 매일 하는 곳은 없었어요. 저는 야간 진료를 시작하고 난 뒤 날마다 저 혼자서 밤 9시까지 진료했어요."

주간에 시간을 내기 어려운 직장인들이 강정호 대표의 병원을 많이 찾았다. 다른 병원들이 통상적으로 하루에 진료할 수 있는 환자들의 두 배가량을 강정호 대표 혼자서 치료했다. 강 대표가 '평생 만날 환자들의 상당 부분을 그때 봤다'라고 할 정도로 그 시절에 만난 환자 수가 매우 많았다. 그때 환자를 진료하면서 강정호 대표는 환자들 대부분이 치과에 대한 공포가 있는 것을 목격했다. 통증에 대한 공포 때문에 적지 않은 환자들이 치과 가는 것을 미루고 그러다가 치료 시기를 놓치는 이들도 적지 않았다. 그래서 어떻게 하면 환자의 공포와 고통을 줄여줄 수 있을까를 고민했고, 환자의 아픔을 줄이면서 치료하기 위해 다양한 노력을 기울였다.

"가장 우선시했던 것이 마취였어요. 마취가 잘 되면 치료받는 게 아프지 않거든요. 때문에 마취에 공을 들였고, 마취할 때의 첫 번째 관문인 주사를 놓을 때도 어떻게 하면 덜 아플지를 연구했어요. 저 역시 주사기 바늘을 무서워하는지라 주사에 대한 환자들의 공포에 공감이 됐거든요. 그래서 마취 주사를 아프게 놓지 않으려고 여러 가지 방법을 시도했고, 진료 과정에서 마취에 많은 시간을 할애했어요."

환자들이 주사기 바늘이 아닌 다른 것에 주의를 기울일 수 있게 하고, 마취액을 천천히 주입해 압력을 낮추거나, 덜 아픈 자입점을 찾거나, 마취액을 사람의 체온에 맞는 온도로 미리 맞춰놓는 등 통증을 줄이려 애썼다.

"아프지 않게 하는 것에는 특별한 기술이 있는 게 아니에요. 환자를 향한 관심과 배려가 있으면 충분해요. 그러면 환자가 느끼는 아픔의 강도가 줄어들죠. 마취도 그렇고 시술하는 동안 환자들이 자신이 배려받고 있다고 느끼도록 신경을 썼어요."

또한 환자들이 고통에서 빨리 벗어날 수 있도록 진료 시간을 단축했다. 환자들에게는 치료하는 과정에서 발생하는 소음을 듣는 것도 고통일 수 있고, 치료가 끝날 때까지 입을 벌리고 있는 것 자체도 고통일 수 있어서 시간을 줄이려 노력했다. 치료를 덜 하는 게 아니라 정확하되 신속하게 끝낼 수 있도록 시술 기술을 연마한 것이다. 그 결과 성남 일대에서 아프지 않게 치료하는 치과로 유명해졌고, 특히 젊은 세대에게 통증 없이 진료하는 곳으로 인정받게 됐다.

"환자의 마음에 공감하려 했던 것을 그분들이 알아주었고, 그게 저한테는 매우 의미 있는 일이었어요. 제가 인정받았던 첫 번째 경험이었죠."

강정호 대표는 성남에서의 성공에 힘입어 더욱 발전된 치과 치료 시스템을 고민하던 중, 후배가 운영하는 치과를 방문하게 되었다. 그곳에서 처음으로 캐드캠 세렉 장비를 접하게 되었고, 이는 그의 치과 진료 방식에 대한 인식을 완전히 바꾸는 계기가 되었다.

강정호 미니쉬테크놀로지 대표

강정호 미니쉬테크놀로지 대표가 지난해 10월 치대생들을 대상으로 특강하는 모습. 강 대표는 '한계를 두지 않는 도전정신이 필요한 시대'라고 했다.

"보는 순간 캐드캠 세렉 장비가 치과의 미래라는 생각이 들었어요. 당시 저한테는 원데이가 무척 강렬한 이슈였어요. 충치 치료를 포함해 대부분의 진료를 하루 만에 끝낼 수 있기를 원했거든요. 성남에서 직장에 다니는 환자들이 야간 진료를 원했던 것처럼, 원데이 치료 역시 환자들이 간절히 원하는 바였어요. 여러 번 내원하는 건 부담스러운 일이니까요. 그래서 하루 안에 진료를 마칠 수 있는 시스템을 구축하기 위해 고민했고, 그 첫 시도로 캐드캠 세렉 장비를 도입하기로 결정했죠."

이러한 확신을 바탕으로, 2009년 강정호 대표는 강남으로 진출했다. 강남에서는 환자가 통증 없이 신속하게 치료를 받을 수 있도록 더욱 혁신적인 시스템을 구축하는 데 집중했다. 진단부터 시술까지 하루 안에 끝내는 것을 목표로 삼았고, 이를 반영해 병원 이름도 '오늘안치과'로 정했다. 1회 내원, 당일 치료라는 원칙 아래 새로운 치과 운영 방식을 정착시키며, 보다 편리하고 효율적인 치료 환경을 만들어 나갔다.

강정호 대표는 필요 장비를 들였을 뿐 아니라 자체 기공소를 두어 진단부터 시술까지 하루에 치료가 모두 이루어질 수 있는 기반을 갖추었다. 일반적으로 환자들이 치과를 방문하면 충치를 치료하고 수복물을 씌우기 위한 본을 뜨고 그걸 기공소로 보내 수복물을 제작한 다음 기공소에서 보내온 수복물을 씌우고 마무리하게 된다. 그러느라 환자는 여러 차례 치과에 방문해야 하는데 '오늘안치과'는 병원 안에서 모든 과정이 이루어지기 때문에 환자들이 다음 진료 날짜를 기다릴 필요가 없었다. 환자의 치아를 찍은 영상 데이터를 원내에 있는 기공소로 보내면 거기서 신속하게 수복물을 만들 수 있어서였다. 그래서 하루 안에 치료를 마칠 수 있었고, 이러한 원데이 치료에 대한 환자들의 반응은 열화와 같았다. 강 대표는 거기에 만족하지 않고 진료에 소요되는 시간을 초 단위로 확인하면서 어떻게 하면 불필요한 시간을 더 줄일 수 있을지를 계속 연구했다. 그러면서 치아 치료 과정에서 발생하는 치아 삭제에 관한 기존의 발상을 전환하게 되었다.

"시간을 줄이는 방법을 연구한 뒤에 제가 시도했던 것은 치아에 해가 가지 않게 되도록 깎지 말아보자는 거였어요. 앞니를 치료할 때 크라운을 씌우게 되는데 PFM(Porcelain Fused Metal)이라고 세라믹 안쪽에 금속이 들어가는 수복물을 많이 사용하던 시기가 있었어요. 그런데 금속도 들어가고 세라믹도 들어가기 때문에 수복물 자체가 두꺼워져요. 이걸 앞니에 끼워서 자연스럽게 보이게 하기 위해서는 이를 엄청나게 깎아야 했어요. 삭제량이 굉장했죠."

당연히 부작용이 생길 수밖에 없었다. 과다한 삭제로 신경이 노출되거나 시술 후 이 시림을 호소하는 경우가 많았다. 또 PFM은 본딩이 아닌 시멘팅이 되는 거라서 잇몸에서 탈락되는 부분에 틈이 생기면 그곳을 통해 충치가 생기는 등의 부작용도 있었다. 강 대표는 이러한 부작용 때문에 충치를 치료하더라도 본인은 물론이고 가족에게도 PFM 시술은 권하고 싶지 않았다. 하지만 그 당시에는 그때 출시된 재료 중에서 PFM이 최선이었고, 다른 선택지가 없었기에 환자들에게 그걸 권할 수밖에 없었다. PFM뿐만 아니라 이후에 나온 올세라믹도 그렇고, 치아가 아름답게 보이게 하는 시술인 라미네이트도 삭제량이 많았다. 라미네이트 역시 삭제량이 많은 탓에 부작용 부담도 컸다. 2차 충치가 생기거나 이 시림으로 신경을 치료하게 되거나 자기 치아가 부러져버리는 등의 증상을 발생시키곤 했다.

"라미네이트 치료가 선풍적인 인기를 끌다가 삭제량이 많은 데서 오는 후유증으로 어느 순간부터 라미네이트는 나쁜 진료라고 인식되기 시작했어요. 저는 나쁜 진료는 없다고 생각해요. 심미 치료 역시 나쁜 치료는 아니에요. 치아를 살리고자 하는 치료거든요. 다만 같은 진료라도 어떤 상황에서 어떻게 진료하느냐에 따라 이를 살리기도 하고 죽이기도 하죠. 예를 들어 발치해야 할 치료를 신경 치료를 통해서 살린다면 좋은 치료지만 아름다움을 위해서 멀쩡한 이를 신경 치료하는 것은 좋은 치료가 아닌 것이죠."

강정호 대표 역시 치아가 건강하고 아름답게 보이도록 하는 심미 치료에 관심이 많았다. 그래서 라미네이트가 가진 부작용을 극복할 수 있는 방법을 고민하고 연구했다. 건강과 아름다움, 그 두 가지가 동시에 가능하도록 어떻게 하면 치아를 깎지 않고 세라믹 두께를 얇게 만들어서 부착시킬 수 있을지를 고민하고 고민했다. 물론 삭제가 필요할 때도 있다. 어떤 경우는 오히려 삭제함으로써 유지력과 저항력을 증가시키는 요소들이 있어서다. 다만 강 대표는 불필요한 삭제를 하지 말아야 하며, 심미 요소는 그것들을 고려한 이후에 선택하는 게 맞다고 생각했다. 강정호 대표는 방법을 찾기 위해 '오늘안치과'에 근무하는 기공사들과 의논하고, 피드백을 받으면서 치아 삭제량을 조금씩 줄여왔고 그 결과 '미니쉬'라는 치아복구 솔루션을 개발하기에 이르렀다.

건강과 아름다움을 향한 집념

강정호 대표가 성남에 치과를 개원할 때부터 가져온 세 가지 원칙이 있다. 치아에 해 끼치지 않을 것, 과잉 진료하지 않을 것, 아프지 않게 할 것. 이 세 가지 원칙에는 환자 중심으로 진료하려는 강 대표의 철학이 담겨 있다. 그리고 그러한 철학은 진료에서 그치지 않고 새로운 치료법 개발을 위한 연구로도 이어졌다. 치료 결과물을 자연스럽고 아름답게 만들되 삭제를 최소한으로 하여 환자 본인이 원래 가지고 있던 이의 물성을 지킬 수 있도록 하는 방법을 꾸준히 연구해 온 것이다.

2021년 2월에는 미니쉬테크놀로지를 설립하게 됐다. 그동안 고도화한 미니쉬를 활용해 '전 세계인의 자연치아 평생쓰기'라는 목표를 달성하기 위해서였다. 강 대표가 이처럼 비즈니스 세계에 뛰어든 것은 개발하고 있는 솔루션을 대중화하고 세계화하려면 병원이 아니라 기업이 적합하다는 판단에서다.

"남이 만들어준 재료와 시스템, 장비를 응용하는 데에 한계를 많이 느꼈어요. 자연치아와 물성이 유사한 소재를 직접 개발하고 정밀도가 높은 가공 설비를 만들어야겠다고 생각했죠. 치아 소재를 만드는 것부터 생산 설비 개발까지 시스템화하고, 그래서 수복물을 대량 생산하게 되면 그만큼 가격도 낮출 수 있을 거라고 판단했어요. 그러면 보다 많은 사람들이 치료로 인한 혜택을 받을 수 있고, 우리가 개발한 결과물로 해외 진출도 가능할 거라고 예상했습니다."

창업 후 강정호 대표는 치아 재료 회사를 인수했고, 반도체 테스트 장비 세계 1위 기업인 리노공업과 함께 초정밀 가공기술력을 높이기 위한 장비 개발에 나섰다. 또한 글로벌 치과 재료 기업인 독일의 비타(VITA)와 파트너십을 맺고 자연치아와 가장 비슷한 재료인 미니쉬블록을 독점 공급받았다. 특히, 비타의 라우터 회장이 2017년 한국을 방문해 미니쉬 수복물에 대해 "이렇게 정밀하게 가공할 수 있다니 믿어지지 않는다"라고 탄복했다는 이야기는 업계에서는 유명하다.

"저희는 번뜩이는 아이디어로 투자금을 끌어모으는 스타트업과 비즈니스 문법이 달라요. 미니쉬를 2012년 정립했고 안정적인 매출을 일으키고 있어요. 사람들이 치과 기업하면 떠올리는 임플란트가 아니라 치아의 복구와 안티에이징 영역이라는 미지의 영역을 개척하는 것입니다. 구강 데이터, 버스클리닉 치료 등의 프로세스를 활용해 투명교정 장치로 치과업계에 혁명을 일으킨 얼라인테크롤로지와 닮은꼴입니다."

미니쉬블록을 얇게 만들면 수복물을 부착할 자연치아를 그만큼 덜 깎게 되고 그래서 환자가 가지고 있던 원래의 치아를 최대한 보존할 수 있게 된다. 미니쉬테크놀로지가 가진 초정밀 가공 기술과 접착 기술이 그것을 가능하게 했다. 강정호 대표는 그렇게 얇게 만들면 수복물이 깨지지 않느냐는 질문을 많이 받아왔다. 그럴 때마다 강 대표는 미니쉬 블록이 원래 치아와 정밀하게 접착되면 자연치아 수준만큼의 강도가 생기며, 음식을 먹을 때도 이질감이 없어 전혀 불편하지 않다고 대답한다.

"치아와 가장 비슷한 소재를 사용하고 마모도와 파절강도 역시 내 치아와 비슷합니다. 치아에 부착한 미니쉬 수복물 수명도 치료하지 않은 다른 치아와 같게 유지되죠. 원래의 내 치아가 다시 만들어졌다고 보면 됩니다. 치아를 거의 깎지 않고 마취도 하지 않으니까 앞니 8개를 치료해도 오전에 5~10분이면 정리정돈이 다 끝나고요. 치아 표면을 깨끗하게 만들고 스캐너로 찍은 디지털 영상 정보를 중앙센터로 보내면 세밀한 가공에 들어가죠. 환자는 당일 오후에 미니쉬블록을 붙이고 가면 돼요. 하루 만에 복구 치료가 끝나는 거죠."

강정호 대표는 치과 개원 초기부터 환자의 요구와 시장의 요구에 귀를 기울여왔고, 그러한 요구가 실현되도록 노력한 끝에 과학 기술을 활용한 미니쉬를 만들어냈다. 시대가 변하면 거기에 맞춰 치과 치료도 변화를 줘야 한다는 신념을 실현해 낸 것이다. 그리고 '치아를 거의 깎지 않는 치료로 평생 내 치아를 쓸 수 있다'는 입소문이 나면서 유명인들이 미니쉬 치료를 찾았다. 그룹 뉴진스·세븐틴과 같은 아이돌, 셀럽, 신세계 그룹 정용진 회장을 포함한 기업 CEO 등 유명인, 동료 의사와 그 가족들이 미니쉬를 원했다.

행복 복구 프로젝트 미니쉬

손상된 치아를 원래의 치아와 비슷한 상태로 복구하려면 치아와 가장 유사한 물성의 재료를 사용해야 하고, 외부의 압력으로부터 치아를 보호하고 오랫동안 사용하기 위해서는 내부 구조까지 손상되기 전의 치아처럼 복원해야 한다. 미니쉬테크놀로지는 이러한 생체모방기술을 바탕으로 미니쉬를 만들어냈다. 또한 건강과 안전성에 중점을 두고 개발한 솔루션이라 앞니는 물론이고 저작 활동이 많은 어금니에까지 미니쉬 블록을 적용할 수 있었다.

"의료에 있어서 안전성과 신뢰도는 시간과 임상 케이스 수에 비례합니다. 미니쉬는 17년간 16만여 건의 임상 케이스를 거쳤고요, 그래서 안전성은 물론이고 어금니까지 복구할 수 있는 정밀성 등 치아 건강과 심미성까지 담보할 수 있게 됐습니다. 미니쉬 보증기간은 10년인데 그렇게까지 한 이유는 10년 안에 탈이 나지 않을 거라는 확신이 있기 때문이에요. 이론이 아니라 미니쉬로 치아를 복구한 환자들을 통해 확인한 것이라서 안전성에 있어선 자신있습니다."

미니쉬테크놀로지는 창업 이후 비약적인 성장을 해 왔다. 매출이 매년 2배씩 성장했고, 창업한 지 3년째던 2024년엔 매출 100억 원을 넘길 수 있었다. 또한 미니쉬를 제공받는 미니쉬멤버스클리닉(MMC)이 2025년 2월 기준, 국내는 35곳으로 증가했고 미니쉬아카데미 수료생은 210명에 달했다. 이 가운데 외국인 치과의사는 20명이다. 해외 진출도 순조롭게 이루어져 왔다. '베트남의 삼성'으로 불리는 빈(VIN)그룹의 하노이 빈멕국제종합병원과 협약을 맺고 베트남 치과 시장에 진출했다. 일본 도쿄의 신주쿠와 인근 지역 등 8곳의 MMC가 운영되고 있다. 2025년 2월 도쿄에서 일본인 치과의사 100명이 참여하는 미니쉬

세미나가 열렸다. 미국 LA 베벌리힐스에도 MMC가 운영되며 2025년 5월 LA에서 미니쉬 첫 미국 세미나와 아카데미가 예정돼 있다. 미니쉬테크놀로지의 행보 중에서 특별히 주목할 점은 강정호 대표가 미니쉬 아카데미를 통해 국내외 의사들에게 미니쉬 기술을 공개한다는 것이다.

"어렵게 습득한 기술인만큼 오픈할지에 관한 고민이 많았습니다. 그런데 이 기술이 사장되는 것이 무엇보다 싫었고, 고민 끝에 기술을 공유하기로 했습니다. 미니쉬의 신념과 철학을 공유하는 의사들이 많아지고, 그래서 보다 많은 환자들에게 혜택이 갈 수 있다면 그보다 더 큰 보람은 없겠다는 생각에서였습니다."

미니쉬는 어쩌면 강정호 대표뿐만 아니라 환자들도 행복해지는 '행복 복구 프로젝트'라고 할 수 있을 것이다. 그래서 강정호 대표는 사업의 규모를 키워가고 있는 요즘도 주말에는 직접 환자를 진료한다. 진료를 마친 환자가 건강하고 밝은 웃음을 지을 때 보람을 느끼고, 거기서 사업 원동력인 행복을 채울 수 있어서다. 경영인으로서의 역량을 발휘하고 있지만 의료인이라는 정체성이 강정호 대표의 근간이 되고 있음을 짐작하게 한다.

강정호 대표는...

미니쉬테크놀로지 대표이사, 미니쉬치과병원 대표원장, 전 오늘안치과 대표원장, 세계 유일 미니쉬 마스터, 한국생체모방치의학회 정회원

손이 시렵지 않고
발이 시렵지 않은
어느 봄날이었다.

한국CEO경영대상
우리 시대의 리더 부문

구자관 삼구아이앤씨 책임대표사원

2025년 매출액 3조 원, 임직원 수 약 5만 명 달성을 목표로, 국내외 법인 35개의 규모를 가진 기업의 첫 시작은 양철로 만든 양동이와 걸레 하나, 가루비누가 전부였다. 창립한 연도도, 창립일도 정확치 않아서 그저 '손이 시렵지 않고 발이 시렵지 않은 어느 봄날이었다'고 기억할 뿐이다. 흔히 말하는 '맨손의 신화'를 일군 장본인인 삼구아이앤씨 구자관 책임대표사원은 스스로를 '이제 사업을 시작한 사람'이라고 한다. 그의 말에서 삼구아이앤씨가 가진 미래 가능성을 가늠하게 된다.

'귤 한 개를 따도 정성껏!'

구자관 책임대표사원이 설립한 삼구아이앤씨는 국내 최대 위탁관리 전문기업으로 종합 부동산, 후공정 컨설팅·제조, 하이브리드 물류, F&B, 안전, 웰니스·시니어 등의 분야에서 최고의 서비스를 제공하고 있다. 2024년엔 매출 2조4000억 원을 돌파했으며, 같은 해 12월에는 SK텔레콤의 계열사인 SK커뮤니케이션즈와 F&U신용정보, 손자회사 SK엠앤서비스 3개 회사를 인수했다. 이러한 기업 성과에도 구자관 책임대표사원은 자신을 회장이나 대표이사가 아닌 책임대표사원이라 자처하고 명함에도 그렇게 새겨넣었다.

"회사 운영은 총괄대표님께 맡기고 저는 우리 구성원들을 대표해 결과에 대한 책임만 지는 책임대표사원일 뿐이에요."

한 그룹을 이끄는 리더가 아닌 구성원을 섬기고자 하는 마음은, 임시정부의 요직을 제안받았을 때 우두머리가 되기보다 국민을 섬기는 쪽을 택했던 독립운동가이자 정치가였던 도산 안창호 선생의 정신과 맞닿아 있다. 구성원을 섬기겠다는 마음가짐은 구자관 책임대표사원이 도산 안창호 선생을 알기 전부터 가져왔던 것이라 그가 도산아카데미와 인연을 맺게 된 것도 어쩌면 필연이었는지도 모른다.

구자관 책임대표사원은 2020년 도산아카데미 이사장에 취임했다. 도산아카데미는 도산 안창호 선생이 창립한 흥사단의 부설 기관으로 1989년에 출발했다가 2000년에 사단법인으로 등록되어 지금에 이르고 있다. 도산 안창호 선생과 구자관 책임대표사원은 비슷한 점이 많다. 무엇보다 주인의식을 갖는다는 점에서 그렇다. 도산 안창호 선생은 우리나라가 일본으로부터 독립하기 위해서는 민족의 힘을 길러야 하며 그러기 위해 국민 모두가 민족사회에 대한 주인의식을 가져야 한다고 강조했다. 그래서 미국 유학 시절, 동포들과 함께 귤밭에서 일하면서 귤 하나를 딸 때도 정성을 다했다.

"동포들에게도 '귤 하나를 따더라도 정성껏 따는 것이 나라를 위한 일'이라고 가르쳤어요. 그래야 현지인들에게 신용을 얻을 수 있고, 그들로부터 신뢰를 받음으로써 대한민국 국민이 훌륭한 시민이라는 것을 증명해 보일 수 있다고 말씀하신 것이지요."

구자관 책임대표사원 역시 그러한 마음가짐으로 자신이 맡은 일을 해왔다. 누가 가르쳐주지 않던 어린 시절부터 그는 자신이 맡은 역할을 성실하게 수행했고, 그러한 자세로 인해 새로운 기회들을 만나게 되었다. 그 기회는 운이 좋아서 주어졌던 것이 아니라 구자관 책임대표사원 스스로가 만들어낸 결과였다.

구자관 책임대표사원에게 있는 세 가지

삼구아이앤씨의 창립일은 1968년 5월 15일이다. 서류상으로만 그렇다. 구자관 책임대표사원 역시 창립일이 언제인지 정확하게 말하지 못한다. 왜냐면 언제부터를 사업 시작일로 봐야 하는지 알 수 없어서다.

구자관 책임대표사원이 돈을 벌기 시작한 것은 열네 살 때였다. 가정형편이 어려워 초등학교 졸업장도 받지 못했고 중학교 진학 또한 꿈을

꿀 수 없었다. 그는 책가방 대신 짐통을 어깨에 멨다. 아이스께끼통, 물통, 구두통, 방물장수가 메는 커다란 대나무 바구니 등이 그의 어깨에 걸렸다. 구자관 책임대표사원은 자신의 몸보다 더 큰 대나무 바구니를 등에 메고 다니면서 물건을 팔았다. 사업이 뭔지는 몰랐지만 어디 가서 장사를 해야 아이스크림을 잘 팔 수 있는지, 구두 닦을 손님으로는 어떤 사람을 공략해야 하는지, 외상값은 못 받을 셈 쳐야 한다든지 하는 것들은 경험을 통해 알았다. 길에서 몸으로 부딪쳐가며 장사를 배우는 와중에 야간고등학교를 졸업했고 군대를 다녀와서는 식당 화장실을 청소하는 일을 시작했다. 자본이 없으니 할 수 있는 게 그것밖에 없었다.

"양동이에 걸레 하나와 가루비누를 넣어 다니면서 화장실을 청소했어요. 양동이도 지금 것과는 달랐어요. 지금이야 좋은 품질의 양동이가 시중에서 판매되지만, 그때는 양철판을 오려서 납땜하고 거기에 끈을 달아서 바케스로 사용했어요. 플라스틱도 대중화되기 전이었고요."

청소도구는 변변치 않았지만 구자관 책임대표사원에게는 성실함이 있었다. 성실하고 정성스럽게 청소해서 그가 손을 댄 화장실은 냄새 하나 나지 않고 흠잡을 데 없이 깨끗했다. 그래서 믿고 맡길 수 있는 사람으로 소문이 났고 그에게 청소를 맡기는 식당들이 점점 늘었다. 구자관 책임대표사원이 주로 청소한 곳은 조그마한 식당들이었다. 정해진 영업시간이 따로 없었고 손님이 없으면 문을 닫는 식이었다. 그렇다 보니 아침 일찍 문을 열어 한밤중까지 영업하는 날이 많았고 식당 주인들은 늘 피곤에 시달렸다. 그래도 돈을 벌어야 하니 손님을 내쫓을 수는 없었다. 또 식당 운영이란 게 손님이 간다고 해서 바로 문을 닫으면 그날 일이 끝나는 게 아니었다. 홀과 주방을 깨끗하게 정리해야 그날 하루일과가 마무리되었다.

"제가 화장실 청소를 다니던 식당 주인 중 한 분이 어느 날 그러시는 거예요. 화장실 청소하듯이 식당 청소를 잘 해주면 맡기고 싶다고 하더라고요. 그러면 저한테 식당 열쇠를 줘서 제가 청소하는 동안 당신은 집에 들어가서 편하게 쉬고, 아침에 출근해서 바로 장사할 수 있을 거라고. 그런데 망설여지는 게 있대요. 저를 믿지 못하겠다는 거죠. 식당에 쌀이며 고기, 채소, 반찬 등이 있는데 훔쳐 갈 수도 있으니까 열쇠를 못 맡기겠다는 거죠. 믿음을 줄 수 있고, 약속을 잘 지키면 열쇠를 줄 수 있을 텐데 저한테 아무것도 없다는 거예요. 자본이 없어서 변기 청소를 하는 사람이 입성이 얼마나 좋았겠어요?"

그러면서 식당 주인은 구자관 책임대표사원에게 그렇게 허술하게 다니지 말고 회사 하나를 만들어라, 회사를 만들어 오면 일을 맡기겠다고 했다. 그 제안을 받고 구자관 책임대표사원은 법인을 만들기로 했다. 법인 설립에 필요한 서류를 구비해서 대서방(지금의 대서소)에 갔더니 회사 이름을 무엇으로 할 것인지를 물어왔다. 구자관 책임대표사원은 구체적으로 생각해 본 것은 없지만 세 가지가 이름에 들어갔으면 좋겠다고 했다. 사람, 신용, 신뢰. 다른 것은 몰라도 그것만큼은 자신이 있어서였고, 꼭 지키고 싶은 것이라서였다. 대서소 주인은 구자관 책임대표사원의 이야기를 듣더니 이름 풀이를 물었고, '구자관' 중에서 '갖출 구'자를 넣어 회사 이름을 삼구(三具)로 지어줬다. 사람과 신용과 신뢰는 직접적으로 담기지 않았지만, 세 가지를 갖춘 회사라는 이름이 마음에 들었다. 그때가 1976년이었고, 회사를 설립한 구자관 책임대표사원은 그 이름에 맞게 회사를 운영해 왔다. 회사 설립 당시 구자관 책임대표사원은 여사님 두분과 일을 했다. 그가 청소와 미화로 기반을 잡을 수 있었던 데에는 야간고등학교 때 배운 내용이 한몫했다. 알칼리를 태우는 약품이 산이라는 것은 기억났고, 그래서 염산을 이용해 변기를 새 것처럼 변신시켰다. 그러한 열정으로 삼구아이앤씨는 식당뿐 아니라 건물을 청소하는 일까지 맡게 됐다.

기회는 우연이 아닌 자신이 만드는 것

사회가 발전하면서 환경과 위생에 대한 우리나라 사람들의 인식도 변화했다. 전쟁이 끝난 지 얼마 되지 않은 1960년대만 해도 가장 중요한 것은 배고픔을 해결하는 것이었다. 1970년대 들어서서는 배를 곯지 않아도 되는 시절이 됐고, 산업이 발전하고 도시문화가 발달하면서 사람들은 쾌적한 환경을 추구했다. 또한 규모가 큰 건물들이 지어지면서 그것을 새것처럼 유지 관리하려는 수요도 많아졌다. 이러한 변화에 따라 삼구아이앤씨의 사업영역도 넓어지고 회사 규모도 성장했다. 과거에 소규모 식당을 청소하던 것에서 대형 건물 관리로 영역이 넓어진 것이다. 구자관 책임대표사원은 청소 제품을 개발하여 이를 판매하기도 했는데 소비자들 반응도 좋았다. 하지만 의욕적으로 활동하던 구자관 책임대표사원에게 위기가 닥쳤다.

"청소용 약품을 만드는 화학공장을 세워서 약품 개발을 할 때였습니다. 새로운 청소용품을 만들기 위해 왁스라는 것을 제조하다가 불이 났죠. 화재로 공장은 전소되고 저는 몸의 3분의 1이 3도 화상을 입었어요. 의사가 살 수 없을 거라고 포기했을 정도였습니다. 지금은 겉으로 보면 멀쩡해 보이지만 옷에 감춰진 부분에는 헝겊을 기운 것 같은 흉터가 여기저기에 남아 있습니다. 또 한 번은 전기톱에 손가락 하나가 잘려나가기도 했고, 죽을 고비도 여러 번 있었습니다."

왁스로 인한 화상을 입고 병원에 입원했을 적에는 몸만 상처를 입은 것이 아니었다. 빚이 눈사태처럼 쌓여갔고 아이들을 키울 형편이 못 돼 친척들에게 맡겨야 했다. 어려서부터 고생을 많이 했고, 재힘으로 성공한 터라 웬만한 어려움에는 흔들리지 않을 정도로 정신이 단단하다고 여겼지만, 삼중으로 겹친 위기에서는 구자관 책임대표사원도 흔들렸다. 남에게 빚지는 것을 누구보다 싫어하는 그였기에 빚을 지는 상황도 힘겨웠고, 아이들을 제대로 돌볼 수 없는 현실과 몸마저 건강하지 못해 재기를 꿈꿀 수 없는 사태가 구자관 책임대표사원을 절망스럽게 했다. 그런 암울한 상황에서 구자관 책임대표사원은 해서는 안 될 일을 결심하게 된다. 자살을 결심한 것이다. 더 이상 바닥은 없다고 할 상태까지 다다른 그에게 누군가 손을 내밀어 주었고 구자관 책임대표사원은 운명처럼 재기할 수 있는 기회를 얻게 됐다. 1983년 KBS 주관 우주과학전람회 미화 용역을 따낸 것. 당시 우리나라에서도 처음으로 캔에 담긴 음료가 출시되어 쓰레기에 알루미늄 캔이 섞여서 쏟아져 나오기 시작했다. 구자관 책임대표사원은 그걸 주워서 재활용 수집 업자에게 팔았는데 그게 돈이 됐고, 빚을 갚을 수 있는 기회가 됐다.

"의도한 일이 아니었습니다. 남이 버린 쓰레기가 돈이 될 거라고 생각하고 시작한 것은 아닌데도 불구하고 돈을 벌게 됐고 그걸로 빚을 갚을 수 있게 됐습니다. 운이 따랐던 거죠. 저는 그 일을 겪으면서 어떤 일에 최선을 다하면 기회가 만들어진다고 생각하게 됐습니다. 누가 주는 것이 아니라 자기가 만드는 것이죠. 신이 기회를 주려고 하더라도 제가 그것을 받을 준비가 되어 있지 않으면 올 수가 없는 거죠. 그러니까 지금 내가 하는 일에 성실하고 진심을 다한다면 기회는 오게 되어 있습니다."

재기의 발판을 마련한 이후 1986년에는 더 큰 기회가 찾아왔다. 1986년에 서울에서 개최된 아시안게임이 끝난 후 외국인 관광객을 맞기 위해 대형 건물과 식당 등에서 청소에 각별히 신경 쓰기 시작했다. 미화 관리를 의뢰하는 고객사가 폭발적으로 늘었고 삼구아이앤씨는 신뢰와 신용을 기반으로 성장 가도를 달리게 됐다. 그리고 1996년에는 신대방동에 사옥까지 마련할 수도 있었다. 그런데 1년 후 우리나라에 외환위기가 발생했다. 삼구아이앤씨도 외환위기로부터 상당한 타격을 입었다. 이번에는 구자관 책임대표사원 혼자만의 문제가 아니었다. 회사가 커지면서 구성원도 그만큼 늘었고 이들을 실업자로 만들지 않으려면 어떻게든 돌파구를 찾아야만 했다.

"저는 저 혼자 힘으로 위기를 극복하려고 했습니다. 그런데 그때 생각지도 못했는데 구성원들이 자발적으로 나서 주었어요. 본사 임직원들이 직접 현장에 가서 청소하겠다고 하더군요. 현장 근무가 끝나면 저녁에 거리로 나가 전단지를 나눠주곤 했습니다. 주인의식이 없으면 할 수 없는 일이죠. 삼구아이앤씨는 주인의식을 가진 우리 구성원들의 희생과 노력으로 지금까지 올 수 있었습니다."

위기를 넘긴 삼구아이앤씨는 2000년대 들어와서는 대기업과도 거래를 시작하게 됐다. 그러면서 사업영역도 제조, 물류, 위탁 급식 등으로 확장했다. 이렇게 사업을 다각화하고 확대하였지만, 그렇게 되기까

지에는 사업의 중심에 미화와 시설관리가 있었다. 기업이 커지면서 미화와 시설관리 분야가 차지하는 비율이 줄어들기는 했지만, 삼구아이앤씨는 여전히 기업의 근간이었던 미화와 시설관리 사업에도 역점을 두고 있다. 기본에 충실하고자 하는 마음에서다.

구자관 책임대표사원이 하지 않는 세 가지

삼구아이앤씨의 현재 매출액은 2조 4000억 원을 넘어섰다. 국내 경쟁업체 중에서는 처음으로 베트남, 폴란드, 헝가리 등의 해외에 진출해 인력을 운용하고 있다. 국내외 임직원 수를 모두 합하면 약 5만 명이다. 1976년 법인을 설립할 당시에는 상상도 할 수 없었던 규모로 회사가 성장했다. 이렇게 회사가 커진 만큼 구자관 책임대표사원의 책임도 커졌지만, 그의 일상에서의 모습은 과거와 달라진 것이 없다. 보통 연상되는 기업 회장들 모습과 달리 구자관 책임대표사원에게서는 권위를 찾아보기 힘들다. 그것은 겸손이며 구성원들에 대한 존중이기도 하다. 그리고

그러한 구자관 책임대표사원의 생각과 태도는 삼구아이앤씨의 기업 문화로 자리잡았다.

구자관 책임대표사원이 회사에서 하지 않는 것 세 가지가 있다. 그중 하나는 구성원들에게 자신의 짐을 맡기지 않는 것이다.

"제가 회사에 나가잖아요? 회사 앞에 제 차가 도착해도 차 문을 열어 주는 사람이 없어요. 또 어떤 날은 양손에 가방이며 짐꾸러미를 들고 회사가 있는 건물에 들어서도 그걸 받아주는 사람이 없어요. 청계천에 있는 빌딩에 본사 사무실이 있는데 그 빌딩 보안요원도 우리 회사 소속이고, 안내데스크에서 안내를 맡고 있는 분도 우리 구성원이에요. 미화하시는 분도, 시설관리를 하시는 분들도 우리 구성원인데 그분들은 제가 무거운 짐꾸러미를 들고 가도 받아주지 않아요. 건물을 오가다가 우리 회사 신입사원이나 임직원을 만나도 제 짐을 들어주겠다고 하지 않습니다. 제 가방을 대신 드는 게 그분들의 역할은 아니거든요."

구자관 책임대표사원은 구성원들에겐 각자의 역할이 있기 때문에 업무 시간엔 그것에 충실한 게 당연하다고 생각한다. 오너의 짐을 들어주는 일은 구성원의 업무에서 벗어난 행위이기 때문에 자신의 짐을 구성원들에게 맡기지도 않고 구성원들 또한 그것을 하지 않도록 하고 있다.

"제 짐을 들어주거나 근무 시간에 나를 보조해 줄 수 있는 사람은 비서밖에 없어요. 그건 그의 일이니까요. 그 외 구성원들은 자기 일에 집중하면 되는 것이죠."

구자관 책임대표사원이 회사에서 하지 않는 다른 하나는 구성원들의 책상 앞 의자에 함부로 앉지 않는 것이다. 구성원 중 누군가와 의논할 일이 있을 때 해당 부서로 가서 담당자와 이야기 나눌 일이 종종 있다. 그럴 때 구자관 책임대표사원은 선 채로 이야길 나누지 근처에 주인이 출타 중인 빈 자리가 있더라도 거기에 앉지 않는다. 해당 자리의 구성원이 프라이버시를 침해당한다고 느낄 수 있어서다. 그리고 그 구성원이 돌아왔을 때 구자관 책임대표사원이 앉아 있어서 업무에 방해받는다면 그건 회사로서도 손해기 때문에 구성원들의 영역을 존중하려 하고 있다.

"제 방에는 접대를 위한 커다란 소파가 놓여 있지 않습니다. 제 책상을 마주할 수 있는 작은 의자가 하나 있을 뿐이에요. 제 방이 넓으면 그만큼 구성원 공간은 좁아지게 되고, 그래서 제 책상도 크지 않습니다. 구성원에게 큰 책상이 주어지는 게 당연하지 않습니까?"

구자관 책임대표사원이 회사에서 하지 않는 대표적인 것 세 가지 중 마지막 하나는 구성원들을 '부하 직원'으로 생각하지 않는 것이다. 직원들을 구성원이라고 부르고, 미화나 시설관리 등을 하는 현장직 근무자들을 만나면 '여사님', '선생님'으로 부른다. 구자관 책임대표사원이 이렇게 호칭하는 데에는 사람을 중심에 둔 그의 철학 때문이다. 그는 삼구아이앤씨를 창립할 때부터 일에 있어서 사람을 중요하게 생각해왔다. 여기서 사람이란 일을 의뢰한 고객이기도 하고, 함께 일하는 동료이기도 하다. 특히 삼구아이앤씨의 경우 인력이 주요한 자원이기 때문에 구자관 책임대표사원 먼저 구성원 모두를 파트너로 존중하고 그들의 노고를 인정하는 것이다.

"저 혼자서는 이 많은 일을 다할 수 없어요. 구성원 한 분, 한 분이 자신이 맡은 몫을 제대로 해주어서 이 규모가 움직일 수 있습니다. 현장에서 어떤 문제가 생기면 그것을 해결하는 분이 누굴까요? 그 현장에서 일하는 분들입니다. 그분들 손끝에서 나오는 이익이 모이고 모여서 전체 매출이 되는 거죠. 저는 또 그분들한테 월급을 받는 거고요. 그러니까 우리 구성원들은 '아랫사람'이나 '부하'가 아니라 저와 함께 일하는 공동체 중 한 명이고 제 동료예요."

그래서 구자관 책임대표사원은 자신의 역할은 돈을 버는 것이 아니라 구성원들을 '일류 직원'으로 만들어 개개인의 자존감을 높여주는 것

이라고 생각한다.

아직 '신발 끈'도 묶지 않았다

구자관 책임대표사원은 도산아카데미에서 했던 강연에서 '자신은 아직 짚신 끈도 묶지 않았다'고 했다. 이 말은 이제야 사업을 시작했다는 뜻이다.

"우리나라 속담에 '의주를 가려면서 신 날도 안 꼬았다'는 말이 있어요. 한양에서 신의주까지 가려면 가장 먼저 뭐를 해야 하죠? 신발을 신어야 하잖아요. 그런데 아직 신발 끈도 묶지 않았다는 거예요. 이 말의 원래 뜻은 큰일을 하려면 거기에 맞는 준비부터 해야 하는데 그걸 하지 않고 있다는 뜻이에요. 하지만 저는 이제 시작도 하지 않았다는 말로 해석합니다. 그러니까 저 또한 사업에 있어서 이제 시작한 사람이라고 생각하고 있습니다."

　사업을 시작한 날이 언제라고 딱히 꼬집을 수 없어서 창립 기념일을 '손이 시렵지 않고 발이 시렵지 않은 어느 봄날이었다'고만 할 정도로 오래전에 사업을 시작한 뒤, 올해 매출액 3조, 임직원 수 5만명 돌파를 목표로 정진하면서도 이제 비로소 사업을 시작했다는 구자관 책임대표사원. 그 말에는 그만큼 삼구아이앤씨의 성장 가능성이 크다는 전망이 담겨 있을 것이고, 그의 전망대로 삼구아이앤씨는 여전히 성장 중에 있다. 삼구아이앤씨는 총괄대표를 중심으로 사업부별 대표가 경영 및 운영을 맡아 안정적으로 기업이 운영되고 있는 한편, 발전 가능성이 높은 분야를 발굴하여 해당 영역으로 진출도 하고 있고, 기업 인수에도

적극적으로 임하고 있다. 삼구아이앤씨가 이렇게 적극적으로 사업을 확장하는 데에는 구자관 책임대표사원이라는 뒷배가 있어서다.

"경영 총괄대표는 우리 회사 공채 출신입니다. 오랜 기간 지켜봐왔지만 저는 총괄대표에게 말을 놓은 적이 한 번도 없고, 그분이 하는 일에 관여하지 않습니다. 맡겼으면 믿어야죠. 대신 신입사원 채용만큼은 제가 합니다. 1000명이 넘더라도 이력서부터 꼼꼼하게 살펴보고 직접 면접을 봅니다. 사람이 중요한 기업이기 때문에 그렇게 합니다. 대신 채용하면 끝까지 책임지려고 합니다. 능력을 펼칠 수 있을 때까지 일할 수 있게 하고, 또 제가 뽑았으니 끝까지 책임지는 것도 제 몫이라서입니다."

2024년 4월에 연수원인 '삼구인화원'을 개원한 것도 사람을 삼구아이앤씨의 중요한 핵심 가치이자 성장 원동력으로 보는 구자관 책임대표사원의 철학에서 비롯되었다. 구자관 책임대표사원은 기업의 문화는 오랜 시간 동안 많은 사람이 함께 하면서 자연스럽게 형성된다고 생각한다. 사람을 생각하고, 사람의 자리를 만드는 것을 기업의 문화로 형성해 온 삼구아이앤씨가 구자관 책임대표사원과 함께 계속 이어갈 성장 스토리를 기대해 본다.

구자관 책임대표사원은...

삼구아이앤씨 책임대표사원, 2003 제13대 한국경비협회 회장, 2019.04~ 한국건축물유지관리협회 회장, 2020.11~ 제5대 도산아카데미 이사장, 한경협국제경영원 조찬 4대 회장, 한국중견기업연합회 수석 부회장

사람과 기술이 만든 장애 없는 세상

한국CEO경영대상
선한 영향력 부문

김민지 브이드림 대표

"가장 개인적인 것이 가장 창의적이다." 봉준호 감독이 아카데미 수상소감에서 남긴 이 말은 예술뿐 아니라 창업에도 통한다. 창조란 마치 별자리를 그리듯, 멀리 떨어져 있던 점들을 연결해 새로운 의미를 만들어내는 일이기 때문이다. 브이드림의 김민지 대표도 그랬다. 사랑하는 사람들이 장애로 겪는 어려움을 지켜보며 도움이 되고 싶었던 간절함, 그리고 IT 회사 이사로 재직 당시 장애인 채용에 어려움을 겪는 기업들의 현실을 목격한 경험이 김 대표의 손끝에서 자연스레 연결된 것이다. 그는 이렇게 일자리를 찾는 장애인과 장애인 채용에 어려움을 느끼는 기업들 사이를 이어주며 장애인 맞춤형 플랫폼이라는 해법을 만들어냈다. 브이드림은 김민지 대표 개인의 경험과 세상의 빈틈을 잇는 별자리이자 진정성과 창의성이 그려낸 특별한 궤적이다.

어린 시절과 가까운 이들의 아픔이 심어준 씨앗

 김민지 대표는 평범한 유년기를 보냈다. 그러나 그 평범함 속에서 그는 비범한 가치를 깨닫게 되었다. 어머니와 함께 장애인 복지관을 자주 방문하며 '나눔'과 '연대'가 도덕적 덕목을 넘어 함께 살아가기 위한 힘이라는 것을 깨달았다.

 "복지관에서 만난 장애인분들은 동정의 대상이 아니었어요. 각자 자기만의 재능과 가능성을 보여주었고 그 모습이 정말 인상 깊었습니다. 하지만 현실은 다르더군요. 장애를 이유로 기회를 얻지 못해 삶의 주체성을 잃고 방황하는 분들을 보면서 많은 고민을 하게 됐습니다."

 그 후, 두 가지 사건은 그의 가치관을 더욱 확고히 했다. 친형제처럼 가까운 친구가 교통사고로 하반신 마비를 겪고 절친했던 사촌 언니가

난치병으로 장애를 얻게 되면서 두 사람의 일상이 무너지는 모습을 지켜봐야 했다. 장애로 인해 경제활동이 어려워진 이들의 고통과 생활비 부담을 보며 김 대표는 자립을 돕기 위해 직접 일자리를 찾아 나섰다. 그러던 중 근본적인 질문이 떠올랐다.

"꼭 출퇴근을 해야 할까? 이런 의문이 들었습니다. 장애인을 고용할 때 이동의 어려움이 얼마나 큰 장벽이 되는지 알게 되었고 스마트 기기 같은 기술을 활용하면 장애인도 충분히 재택근무를 할 수 있겠다는 확신이 들었지요. 저는 장애가 한 사람의 가능성을 제한한다고 생각하지 않아요. 문제는 그 가능성을 펼칠 수 있는 기회가 주어지지 않는 환경에 있다고 봅니다."

김민지 대표는 장애인 고용 문제를 '도와준다'는 차원을 넘어서, 그들에게 진짜 '기회'를 제공할 수 있는 구조적인 해결책이 필요하다고 느꼈다. 이러한 고민과 경험은 브이드림 설립의 밑바탕이 되었다. 그의 유년기와 가까운 이들의 장애를 목도한 경험은 작은 씨앗이었다. 그 씨앗은 아픔과 연민을 영양분 삼아 자라났고 브이드림이라는 나무로 성장해 수많은 사람들의 삶에 더 깊고 넓게 뿌리를 내리고 있다.

작은 시작에서 세상을 바꾸는 길로

미술을 전공한 김민지 대표는 창작의 세계에서 다양한 색깔이 가진 조화로움을 배우며 삶의 색깔은 장애 유무와 상관없이 모두 고유하다고 믿고 있었다. 그렇다고 창업 아이디어가 예술적 감성에서만 비롯된 것은 아니다. IT 기업 제로웹에서 대외사업 이사로 재직하던 당시 김민지 대표는 장애인 고용에 대한 사회적 시각과 기업의 현실적인 한계를 깊이 깨달았다. 많은 기업이 장애인 의무고용을 이행하지 않아 수십억 원에 달하는 부담금을 내고 있었다.

"기업 관계자들의 하소연을 자주 들었습니다. 장애인을 채용하고 싶어도 그분들이 어떤 일을 할 수 있는지, 장애 정도는 어떤지, 채용을 위해 어떤 준비가 필요한지 같은 장애인 HR 정보가 거의 없다는 거예요. 그러다 보니 결국 부담금을 내고 마는 경우가 많았습니다."

이는 장애인 고용 의무가 얼마나 형식적으로만 이루어지고 있는지를 잘 보여준다. 상시근로자 50인 이상인 기업은 장애인을 고용해야 하고, 100인 이상 기업은 이를 이행하지 않으면 부담금을 납부해야 한다. 그럼에도 불구하고 국내 기업의 78%는 여전히 부담금을 내고 있으며 한 대기업에서는 무려 400억 원 이상을 부담금으로 납부하기도 했다.

"그때 깨달았습니다. 단순히 법을 지키도록 강요하는 것만으로는 문제를 해결할 수 없다는 사실을요. 장애인을 고용하면서 기업들도 이익을 볼 수 있는 환경을 만들어야 한다고 생각했고 그 생각은 2018년에 브이드림 설립으로 이어졌습니다. 세 명의 직원과 함께 장애인과 기업 모두에게 실질적인 혜택을 줄 수 있는 시스템을 만들어 보자는 목표를 품었습니다."

브이드림의 첫걸음은 장애인과 기업을 직접 연결하는 것이었다. 김민지 대표는 전국의 특수학교와 복지기관을 방문하며 다양한 장애 유형에 적합한 직무를 조사했고, 지금은 30만 명에 이르는 장애인 인재풀을 확보했다. 또한, 전국 500개 기업을 직접 조사해 기업들이 요구하는 직무 정보를 파악하며 발로 뛰었다. 낮에는 기업과 장애인과의 만남을 통해 현장의 목소리를 듣고, 밤에는 사업 계획서를 작성하며 투자 유치를 준비한 것이다. 당시 매출이 없던 상황이었는데도 김 대표는 계속 나아갔다. 그 이유는 분명했다.

"단 한 명의 장애인이라도 더 나은 삶을 살도록 돕고 싶다는 초심이 있었기 때문이에요. 장애인 고용은 선택이 아니라 필수입니다. 우리가 만들어가는 세상은 모두를 위한 일터여야 합니다."

장애인과 기업의 상생을 설계하다

브이드림은 장애인 고용을 연결하는 데 그치지 않고 장애인과 기업이 함께 성장할 수 있는 환경을 만드는 시스템을 설계했다.

"처음에는 장애인과 기업을 매칭하고 재택근무 출근 도장을 일일이 수기로 확인하는 방식으로 시작했어요. 그런데 점점 더 많은 장애인과 기업들이 관심을 보이면서 자동화 시스템이 꼭 필요하다는 걸 절감했습니다"

그 결과 2019년 1월 베타 서비스를 시작했고 같은 해 4월에는 장애인 특화 재택근무 플랫폼 '플립(Flipped)'을 정식으로 출시했다. 플립은 장애인 근로자와 기업을 연결하는 올인원 HR 솔루션으로 장애인의 삶과 직장에서 긍정적인 변화를 일으켰을 뿐만 아니라 기업에는 효율적이고 지속 가능한 고용 환경을 제공했다.

"시각장애인을 위해 음성 안내를 넣고 청각장애인을 위해 실시간 자막을 제공했어요. 또 각 장애 유형에 맞춰 UI·UX를 설계해서 장애인분들이 마치 자기에게 꼭 맞는 맞춤 정장을 입은 것처럼 편안하고 자연스럽게 사용할 수 있도록 했습니

김민지 브이드림 대표

다. 저는 누구나 자신에게 맞는 환경에서 일할 때 가장 큰 잠재력을 발휘할 수 있다고 믿습니다."

플립은 출결 기록 자동화, 화상회의, 전자결재 등 다양한 통합 커뮤니케이션 기능을 제공하며 재택근무 환경을 혁신적으로 업그레이드했다. 새로운 표준이 된 이 시스템은 분석 결과를 활용한 인사관리 서비스를 제공하며 장애 유형에 맞는 최적의 환경을 조성하고, 개별 근로자의 직무 수행 능력을 최대한 발휘할 수 있도록 지원한다. 또한, 플립은 다자간 화상 채팅, 쪽지 등 실시간 소통 기능을 통해 팀원 간 원활한 협업과 의사소통을 지원한다. 이러한 기능들은 기업이 장애인 고용을 더욱 효과적으로 관리하고, 장애인 근로자들이 자신의 역량을 충분히 발휘할 수 있는 기반을 마련해준다. 그중 플립의 최고 강점은 직무 매칭과 맞춤형 교육 시스템이다. 기업에서 요구하는 직무에 맞는 인재를 추천하고 80여 가지 항목을 통해 직무에 잘 맞는지 세밀하게 평가한다.

"저는 이 과정을 '열쇠와 자물쇠를 완벽히 맞추는 작업'이라고 표현하곤 합니다. 장애인과 기업이 원하는 걸 세심하게 맞추는 게 정말 중

요하거든요. 그렇게 디자인, 데이터 라벨링, SNS 관리 같은 300개가 넘는 직무를 만들어냈습니다. 시각장애인분들에겐 데이터 입력이나 소프트웨어 테스트 같은 업무를, 청각장애인분들에겐 IT 개발을, 발달장애인분들에겐 생산라인 관리 같은 직업 기회를 제공해왔지요."

이와 같은 직무 매칭 시스템은 사회적 기여를 넘어서 실제 채용 기회를 창출하는 시스템으로 발전했다.

"예를 들어 자율주행 소프트웨어를 구축하려면 엄청난 양의 빅데이터가 필요합니다. 데이터마다 '이건 자동차다, 이건 신호등이다'라는 식으로 의미를 부여해야 하지요. 이런 작업을 데이터 레이블링이라고 하는데, 굉장히 반복적인 업무라서 집중력이 높은 자폐 장애인분들이 큰 강점을 발휘해요. 최근에는 한 챗봇 제작 기업이 기존에 고용했던 비장애인 아르바이트 30명을 전부 장애인 직원으로 교체한 사례도 있었습니다."

이처럼 플립은 기업과 장애인 근로자 모두에게 혜택을 제공하는 혁신적인 플랫폼이다. 초기에는 재택근무 시스템에 대한 우려가 있었으나 팬데믹을 계기로 그 실용성이 입증되었고 이제는 많은 기업에서 플립을 도입하며 문의가 계속해서 증가하고 있다. 장애인 고용의 새로운 패러다임이 열렸다.

장애인 고용 혁신과 ESG 경영을 이끄는 글로벌 성장

브이드림은 성장과 도약을 거듭했다. 기업 평가에서 ESG(환경, 사회, 지배구조)가 중요한 지표로 자리 잡으면서, 롯데그룹, SK, 야놀자, 신한라이프, 차병원그룹 등 국내 유수의 기업들이 플립을 도입했다. 플립은 기업과 사회가 함께 성장할 수 있는 길을 열었고 이를 통해 고용 부담금을 납부하던 기업들이 장애인 우수 채용 기업으로 변모하는 모습을 보여주었다.

"2020년에는 30억 원대의 부담금을 납부했던 홈플러스가 좋은 사례인데요, 플립을 도입하면서 그 부담을 크게 줄일 수 있었습니다. 지금은 장애인 70명이 챗봇 서비스나 영상 편집 부문에서 활발히 근무하고 있지요. 또, 야놀자도 예전에 부담금을 매우 많이 내던 기업이었는데 우리 시스템을 도입한 이후로는 고용장려금을 받는 기업으로 거듭났습니다. 기업과 장애인 근로자 모두 만족도가 높은 상황입니다."

브이드림은 장애인 고용을 기피하는 기업들에게 장애인 고용에 필요한 제반여건을 제공하고 그들의 고용부담금을 줄여주는 방식으로 장애인 고용을 경제적으로 실현하고 있다. 이를테면, 상시근로자 400명 기준으로 장애인 12명을 고용하지 않으면 1년에 3억5,000만 원 이상의 부담금을 내야 하지만, 중증장애인 1명을 고용하면 경증장애인 2명 채용으로 인정받아 비용을 최대 70% 이상 절감할 수 있다. 기업이 플립을 도입하지 않을 이유가 없는 것이다. 더불어, 장애인에게 맞춤형 업무 환경을 제공하면 비장애인과 비교해도 손색없이 업무를 수행할 수 있다는 점에서 플립은 기업과 장애인 근로자 모두에게 만족을 주는 '윈윈' 모델을 만들어가고 있다. 처음에는 의무고용 부담금을 줄이기 위해 문의를 해오던 기업들이 이제는 더 많은 장애인 인력을 연결해 달라고 요청하고 있다. 이는 장애인 근속률이 높아지고 무기계약직 전환 사례가 늘어난 결과로, 브이드림이 보유한 뛰어난 장애인 인재 데이터는 향후 억대 연봉의 장애인 개발자나 디자이너 배출로 이어질 가능성을 보여준다.

"플립은 장애인을 고용하고 관리하는 데 그치지 않습니다. 기업의 생산성을 높이고 고용부담금 문제를 해결하며 기업 이미지 개선에도 크게 기여하고 있습니다. 현재 약 30만 명에 이르는 인재풀과 쌓아온 데이터를 바탕으로 3,000명 이상의 장애인 취업을 성공적으로 지원했습니다. 그 결과 평균 근속률은 80%, 정규직 전환율은 25%에 달하는 성

과를 기록했지요. 또한 약 450개의 공공기관과 대기업이 플립을 도입해 고용부담금을 절감하고 관리 효율성을 높이는 동시에 ESG 경영까지 실현하고 있습니다."

브이드림의 매출 성장 또한 주목받고 있다. B2B SaaS(클라우드 기반 기업용 소프트웨어) 사용료를 주요 수익원으로 삼아 2020년 5억 원에서 시작한 매출은 2024년 약 100억 원에 도달했으며 2025년에는 300억 원 달성을 목표로 하고 있다.

"고객사들의 재계약률이 90%에 달할 정도로 매우 높아서 안정적인 수익 구조를 유지하고 있습니다. 이런 성장세 덕분에 삼성증권을 상장 주관사로 선정하여 2026년 코스닥 상장을 목표로 준비를 진행하고 있습니다."

국내에서의 성공을 기반으로 브이드림은 2022년 베트남 노동부 산하 장애인지원센터와 업무협약을 체결하며 해외 진출의 발판을 마련했다. 또한 몽골에서는 기업이 장애인을 고용하지 않으면 직원 월급에서 부담금을 갹출하는 강력한 의무고용제도가 시행 중인데, 최근 몽골 재무협

회 관계자들이 브이드림을 방문해 플립 시스템을 극찬하기도 했다.

브이드림은 사업적 성과와 더불어 다양한 사회적 공헌과 혁신적 도전을 통해 신뢰를 얻고 있다. 대한민국 디지털 미래혁신대상, 중소벤처기업부 '포스트팁스(POST-TIPS)' 프로그램 선정, ISO 9001, 14001, 45001 인증 동시 획득 등의 성과를 통해 기술적 역량과 사회적 가치를 입증했다. 네이버 해피빈 크라우드 펀딩에서도 200% 이상의 달성률을 기록하며 대중의 관심과 지지를 얻었다.

"저는 '하이 리스크 하이 리턴(High risk high return)'이라는 말을 좌우명처럼 여기고 있어요. 간절히 몰입하면 무엇이든 이룰 수 있다고 믿습니다. 브이드림이 빠르게 성장할 수 있었던 비결도 유연한 실행력과 몰입 덕분이지요. 항상 현장에서 답을 찾으려고 했고, 거기서 나온 해결책을 빠르게 적용해서 문제를 풀어가는 데 집중했습니다."

김민지 대표의 이런 확신과 실행력은 브이드림의 탄탄한 성장의 원동력이자 장애인 고용 혁신의 든든한 기반이 되고 있다.

희망의 창을 열다: 장애 너머 새로운 시작

진정한 기업인은 성과에만 매몰되지 않고 사회적 책임을 깊이 고민하며 이를 행동으로 실천하는 사람이다. 김민지 대표는 그런 깊이 있는 리더십을 보여준다. 장애인 근로자의 고용 안정과 삶의 질 향상이라는 쉽지 않은 과제를 사명으로 삼아 끈기와 통찰력으로 해결책을 만들어가고 있다. 지원을 넘어 근로자들이 자립하고 성장할 수 있는 기회를 제공하며 섬세하고 체계적인 환경을 조성하는 모습은 기업인의 역할이 어디까지 확장될 수 있는지를 잘 보여준다.

장애인 근로자에게 취업 기회를 제공하는 데 그치지 않고 직무교육, 심리상담, 고충 처리 서비스 등 맞춤형 지원을 통해 그들이 직장에 안정적으로 적응할 수 있도록 돕고 있다. 또한, 우수근무자 시상 제도와 장애인 근로자 커뮤니티 '드림터'를 통해 소속감과 성취감을 높이며 이들이 자신의 역량을 최대한 발휘할 수 있도록 지원하고 있다.

"저희는 장애인 근로자들이 물리적 한계를 넘어 평등한 환경에서 일할 수 있도록 다양한 시도를 하고 있습니다. 그중 하나가 인공지능(AI) 음성인식 기술과 메타버스 플랫폼을 결합한 가상 사무실인데요. 이동이 불편한 장애인분들도 링크 하나만 클릭하면 아바타를 통해 3D로 구현된 가상 사무실에 출근해서 전자결재나 화상회의 같은 업무도 편리하게 처리할 수 있습니다."

브이드림은 장애 예술인의 잠재력을 발굴하고 지원하는 데도 앞장서고 있다. 장애 예술인의 작품 전시와 판매를 돕는 '브이아트 갤러리'를 운영하며 그들의 창작활동을 적극적으로 지원하고 있다.

"지금까지 약 500명의 장애 예술인을 배출했고 현재는 4,000명이 넘는 장애 예술인 데이터베이스를 구축해 운영하고 있어요. 패션기업과 협업해서 이분들의 창작물을 활용한 상품 제작과 구매를 통해 새로운 직무 기회를 만들어가고 있습니다. 또, 한국섬유산업연합회 장학재단과 협력해서 장애 예술인의 작품을 기반으로 ESG 경영을 확대하려는 노력도 하고 있지요. 앞으로도 장애 예술인들이 더 활발히 활동할 수 있도록 다양한 방안을 계속 모색해 나갈 계획입니다."

그뿐만 아니라, 장애인을 위한 이동 서비스인 '브이패스'를 출시하고 보조공학기기 연구·개발 사업도 진행하며 장애인의 자립과 이동성을 지원하고 있다. 이런 노력은 장애인들의 전반적인 삶의 질을 높이기 위한 꾸준한 활동의 일환이다. 브이드림은 여기서 멈추지 않고, 사회적 약자를 위한 토탈케어솔루션 개발에도 집중하고 있다. 의료, 응급 서비스, 레저와 여가 활동 등 생애 전반을 아우르는 맞춤형 서비스를 제공하기 위해 '생애주기별 맞춤 케어' 플랫폼을 준비 중이다. 이를 통해 장애와 비장애를 초월해 모두가 함께 살아갈 수 있는 지속 가능한 사회를 만들고자 한다.

"장애인들은 여전히 비장애인들이 누리는 것의 10분의 1도 누리지 못하는 게 현실입니다. 저희 브이드림은 장애 여부와 상관없이 누구나 꿈꾸고 그 꿈을 이룰 수 있는 기회를 제공하고 싶습니다. 앞으로도 장애인과 사회를 연결하고 새로운 가능성을 열어가겠습니다."

길을 비추고 길을 열다

세상에는 두 종류의 길잡이가 있다. 하나는 환한 등불로 어두운 길을 비추는 사람이고, 또 하나는 거친 숲을 헤쳐 새로운 길을 여는 사람이다. 김민지 대표는 이 두 역할을 동시에 수행하며 장애와 편견이라는 울창한 숲을 개척하는 리더다. 장애와 비장애의 경계를 허물며 누구나 자신의 잠재력을 온전히 펼칠 수 있는 세상을 만들기 위해 쉼 없이 걸어왔다.

"장애는 단지 환경에 따른 어려움일 뿐, 능력을 이유로 차별받아서는 안 됩니다. 이 신념은 저희 브이드림의 모든 활동에 스며들어 있습니다. 제가 가장 중요하게 생각하는 가치는 '함께'라는 단어에 담겨 있어요. 서로 연결되고 각자의 가치를 존중하며 함께 성장하는 세상을 만드는 것, 그리고 장애인과 기업이 손을 맞잡고 함께 나아가는 길을 만들어가는 것이 저희가 추구하는 방향입니다."

장애와 비장애를 넘어선 진정한 공존의 세상, '세상을 뒤집겠다'는 의미를 담고 있는 재택근무 플랫폼 플립은 그 꿈을 실현하는 출발점이다. 김 대표는 기술로 편견을 허물며, '장애가 장애가 되지 않는 세상'을 만들겠다는 약속을 실천하고 있다.

이제 질문은 우리에게 돌아온다. 장애인 고용의 미래를 바꾸기 위해 우리는 무엇을 해야 할까? 장애를 가진 이웃을 바라보는 시선의 변화부터 일상 속 작은 실천까지, 해답은 멀리 있지 않다. 장애인 고용 문제

는 우리 사회가 반드시 해결해야 할 중요한 과제로 꼽는다. 2022년 기준 국내 등록장애인 수는 약 265만 명으로 전체 인구의 5.2%를 차지하며, 이들 중 88%는 후천적으로 장애를 갖게 되었다. 장애인의 73%가 고용 가능 인구에 해당하나 실제 노동시장 참여율은 단 1.41%에 불과한 현실이다.

"이 통계는 장애에 대한 인식 부족과 고용 기회 부족이 여전히 큰 장벽임을 보여줍니다. 저출생과 고령화로 경제활동 인구가 줄어드는 상황에서 장애인의 직무능력을 적극적으로 활용하는 것이 한국 경제의 새로운 돌파구, 즉 '게임 체인저'가 될 수 있다는 점을 잊지 말아야 합니다."

김 대표가 꼽는 최고의 풍경이 있다. 출근하자마자, 장애인들이 재택근무로 번 첫 월급으로 감사의 마음을 담아 보냈다는 떡이 책상 위에 놓여 있을 때. 그 자랑스러운 순간에 부모님들의 얼굴에 활짝 웃음이 피어오를 때. 그때가 최고의 장면이자 그가 가장 큰 보상을 받는 순간이다.

"우리 아이가 취업하게 될 줄은 꿈에도 몰랐다는 부모님들의 벅찬 표정과 SNS 댓글로 보내주시는 감사 인사들이 저에게 정말 큰 힘이 됩니다. 제가 이 길을 계속 걸어갈 수 있는 원동력이지요."

오늘도 김민지 대표는 한 걸음 한 걸음 나아가고 있다. 누군가의 첫 월급과 첫 설렘을 기억하며 더 많은 이야기를 만들어가기 위해, 소셜벤처는 성공하기 어렵다는 자본시장의 고정관념을 깨기 위해!

김민지 대표는...

(현) 브이드림 대표이사, (현) 제3대 코리아스타트업포럼 동남권협의회 회장, (현) 국토교통부 공공데이터 민간자문단, (현) 대한민국신지식인협회 기획실장, (현)아너 소사이어티 회원, (전) IT기업 제로웹 임원, 부산 벤처창업 ESG 선도기업 인증, 부산대표 기술창업기업 인증, 한국능력교육진흥원 장애인인식개선교육사 1급, 2018 국가공간정보 개방 민간자문단 자문위원

뉴-디지털 헬스케어 시대 여는 '포용의 혁신가'

 한국CEO경영대상
브랜드 파워 부문

김병주 참약사 대표

다양한 관점과 가치를 통합해 조직의 혁신 역량을 극대화하는 포용적 리더십(Inclusive Leadership)이 AI 시대의 핵심 리더십으로 주목받고 있다. 약사전문 플랫폼 '참약사'를 이끄는 김병주 대표는 포용적 경영자로 통한다. 전통 약국의 본질적 가치와 디지털 전환이라는 이질적 요소를 성공적으로 융합하고, 전문가(약사)와 경영자의 역할을 효과적으로 수행하며 포용적 리더십의 실천적 모델을 보여주고 있기 때문이다.

젊은 리더의 포용성은 참약사를 AI 기반 맞춤형 서비스와 포괄적 약력관리 시스템 등이 구현된 '팜-딥테크(Pharm-Deep tech)' 기업의 반열에 올려놓으며 약국 산업의 새로운 패러다임을 제시한다. 특히 그가 제시하는 사람 중심 철학은 약국을 단순한 의약품 판매처에서 환자와 소통하고 건강을 케어하는 미래지향적 공간으로 탈바꿈시키고 있다. 급변하는 경영 환경 속에서도 끊임없이 진정한 리더십의 본질을 고민하는 김병주 대표. 경영자의 통찰력, 약사로서의 소명 의식, 그리고 인간 중심의 경영 철학이 조화를 이룬 그의 혁신적 여정은 국내 약국 생태계의 새로운 이정표로 우뚝 섰다.

　대양의 깊이처럼 포용적이며, 파도의 기세로 혁신을 이끄는 블루(Blue). 파워 브랜드 참약사의 상징색이 담아내는 메시지다. 이 심오한 푸르름 속에서 우리는 끊임없는 도전과 포용이라는 기업의 핵심 가치를 발견한다. 새벽하늘의 맑은 푸름처럼 젊은 CEO의 신선한 열정이, 깊은 바다의 짙은 푸른빛처럼 그의 원대한 비전이 참약사를 넘어 약국 산업의 푸른 미래를 물들인다.

　참약사 김병주 대표의 경영 여정은 혁신의 연속이다. 급변하는 시장 환경 속에서 안주하는 대신 정면 돌파를 선택했다. 경영의 난관을 만날 때마다 그는 도전의 관점으로 새로운 활로를 개척하며, 기업의 지속 성장을 위한 동력을 창출하고 있다. 여기에 그가 지닌 젊은 감각은 기존 산업의 관성을 타파하고, 신선한 혁신의 바람을 불러일으키는 원동력이 된다.

김 대표의 혁신경영은 대한민국 약국 체인 산업의 패러다임을 근본적으로 재정의한다. 전통적인 약국 운영 방식을 탈피, 디지털 전환을 통해 미래형 약국의 새로운 표준을 제시하고 있는 참약사는 독자적인 비즈니스 모델로 산업의 디지털화를 선도하며 헬스케어의 미래를 재창조하고 있다는 평가를 받고 있다.

최근 '한국CEO경영대상' 브랜드 파워 수상은 이러한 혁신의 여정을 입증한다. 전통 산업에 디지털 혁신을 접목시켜 새로운 가치를 창출하는 김병주 대표의 선구자적 비전은, 정체된 약국 체인 산업에 신선한 활력을 불어넣으며 디지털 헬스케어의 새 장을 열어가고 있다. 젊은 리더의 도전이 그려낼 미래 약국 산업의 웅장한 혁신 서사가 지금 우리 앞에 펼쳐진다.

디지털 혁신으로 약국의 패러다임 바꿔

'참약사'가 파워 브랜드로 인정받게 된 데에는 김 대표의 혁신적이면서도 포용적인 리더십이 그 중심에 있다. 약국이 가진 전통적 역할과 기술적 혁신의 경계를 허물며 새로운 가능성을 열어가는 그는 기업의 성장에만 국한되지 않고, 약국 산업 전반의 혁신을 추구한다. 특히 약사와 경영자를 오가는 유연한 리더십은 새로운 관점의 '약국 산업'을 이끌기에 충분한 자격요건이다.

"약국의 전통적 가치를 존중하면서도 기술과 혁신을 결합해 약국의 새로운 미래를 만들어 가고자 합니다." 약사로서의 전문성과 경영자로서 책임감이 고스란히 드러난 한 마디 한 마디에는 기대와 신뢰가 함축되어 있다.

전국 500여 가맹점을 보유한 참약사는 단순한 약국 체인을 넘어 팜-딥테크(Pharm-Deep tech) 기업으로 진화하고 있다. '제대로 된, 참된 약사'라는 기업명이 함의하듯, 참약사는 의약품 판매를 넘어 인간 중심의 종합 헬스케어 서비스를 제공하는 것을 목표로 한다. 처방약, 일반약, 건강기능식품을 아우르는 포괄적 약력관리 시스템부터 유전자 분석, 디지털 헬스케어까지 미래 지향적 약국 모델을 구축하고 있다.

특히 주목할 만한 성과는 업계 최초로 선보인 헬스케어 플랫폼 서비스와 개인맞춤형 헬스케어 데이터 시스템 '사이렌Rx'의 개발이다. 지난해에는 스케일업 팁스 선정, 이노비즈 인증, 메인비즈 인증을 획득했으며, '사이렌Rx'로 굿컴퍼니대상 맞춤형 헬스케어 부문을 수상하며 기술력을 입증했다.

참약사의 미래 목표는 명확하다. 김 대표는 개인맞춤형 건기식 소분판매 법제화에 대응한 AI 기반 맞춤형 알고리즘 개발, 생성 AI 상담 기술이 접목된 '약국 경영 통합 EHR(전자건강기록) 시스템' 구축 등을 추진하며 약국과 고객 간의 신뢰를 강화하고, 디지털 시대의 새로운 약국 문화를 선도하는 혁신 기업으로 성장하는 것이다.

온고지신 혁신가의 끝 없는 도전

김병주 대표는 온고지신(溫故知新)의 정신을 실천하는 혁신가다. 약국 산업의 본질적 가치를 지키면서도 디지털 혁신으로 새 지평을 여는 그의 유연한 사고는 참약사의 지속 성장의 비결이다. 전문 약사의 통찰력과 경영자의 혁신 역량이 조화를 이룬 그의 리더십은 더욱 특별하다.

"뫼비우스의 띠처럼 멈추지 않고 이어지는 도전을 좋아합니다. 중간에 포기하지 않고 끝까지 해내는 것이 제 삶의 철학입니다." 그의 도전 정신은 참약사그룹이 변화와 혁신의 여정에서 흔들림 없이 전진하는 추진력이 된다.

첫 대면에서부터 깊은 인상을 남긴 그의 존재감은 넉넉한 체구에서 느껴지는 포용적인 아우라는 물론 젊은 경영자다운 참신한 카리스마와 신중하게 선택된 어휘로 이어가는 균형 잡힌 대화법에서 진정성을 더한다. 여기에 열정이 깃든 자신감과 확고한 철학에 기반한 결단력이 더해져 경영자로서의 리더십은 한층 빛을 발한다.

특히 '강한 리더'의 이미지를 넘어 '신뢰받는 경영자'로 자리매김한 김 대표의 포용적 리더십은 참약사의 오늘을 넘어 내일을 기대하게 만든다. 견고한 기반 위에 꾸준히 정립해온 그의 경영 철학과 진정성 있는 사람 중심의 경영 방식은 파워 브랜드 참약사의 또 다른 경쟁력으로 자리 잡았다.

약사 교육 플랫폼에서 팜테크 리더로의 진화

참약사는 2010년 초반 젊은 약사들의 협동조합으로 시작됐다. '참된 약사'를 육성하겠다는 순수한 열정으로 시작된 참약사협동조합은 젊은 약사들이 의기투합해 전문 도서 유통과 체계적 교육, 다양한 학술 활동과 공익활동을 펼쳐왔다. 2018년에는 참약사약국 1호점이 '약국 경영대상'을 수상하며 약국 체인사업에 본격 진출했고, 시장의 반응은 폭발적이었다. 이들의 진정성있는 행보는 이제 약국 산업의 디지털 혁신을 선도하는 기업으로 진화했다.

"의사가 각 진료과의 스페셜리스트라면, 약사는 모든 약에 대한 제너럴리스트입니다. 다양한 진료과 의사들의 처방이 환자가 복용 중인 약들과 만났을 때 발생할 수 있는 상호작용과 부작용을 관리하고 감독하는 것이 약사의 핵심 역할입니다. 하지만 현재 의료 시스템에서는 이러한 약사의 전문성이 제대로 발휘되지 못하고 있죠. 약사의 직능이 절반도 활용되지 못하는 현실 속에서, 우리는 약국 현장에서 약사들이 본연의 전문성을 발휘할 수 있는 방안을 끊임없이 모색해왔습니다."

설립 6년째인 참약사는 지난해까지 약사회원 약 600명, 회원약국 500곳을 확보하며 꾸준한 성장세를 보이고 있다. 이는 기존 주먹구구식으로 운영되던 동네약국에 디지털 혁신을 도입한 것이 주효했다는 평가를 받고 있다.

'요즘시대 요즘약국'이라는 비전 아래 참약사는 약국의 디지털 전환을 선도하는 3세대 약국체인으로 자리매김했다. 단순한 처방전 접수와 카드결제 수준에 머물렀던 기존 약국의 디지털화를 넘어, 상권 분석부터 매장 설계, 경영 컨설팅, 그리고 AI 기반 약사 커뮤니티 플랫폼까지 포괄적인 혁신을 추구한다. 특히 포괄적 약력관리 시스템과 AI 기반 개인맞춤형 건강기능식품 추천 서비스 등을 통해 고객과 소통하는 '팜-딥테크' 기업으로 성장하고 있다.

"약국이 단순한 의약품 판매처로 머무는 시대는 지났습니다. 참약사는 현재 약국의 디지털 전환과 AI 헬스케어를 선도할 다양한 솔루션을 개발하고 있습니다."

참약사가 야심차게 추진하고 있는 '팜-딥테크'는 혁신적인 비즈니스 모델이다. B2B, B2C, B2B2C를 아우르는 통합적 접근으로, 맞춤형 영양상담, 표준화된 약사 상담 솔루션, 만성질환 케어 등 차별화된 서비스를 제공한다. 이러한 경쟁력의 중심에는 김 대표의 기술 개발에 대한 뜨거운 열정이 주요했다. 참약사 조직 구성에서 절반 이상이 R&D 인력이라는 점이 이를 증명한다. 석박사급 연구진과 약사, 의사 등 다양한 분야의 전문가들이 협력하여 혁신을 주도하는 것은 물론 헬스케어 미래를 그려나가고 있다.

덕분에 참약사는 설립 6년 만에 괄목할만한 성장을 이뤘다. 전국 500여 개의 가맹 약국과 600명이 넘는 약사 회원을 확보했으며, 약 100억 원 규모의 시리즈A 투자 유치에도 성공했다. 향후 5년 내 가맹점 2,400개, 플랫폼 약사회원 15,000명 달성이라는 원대한 목표를 향해 거침없는 질주를 이어가고 있다.

디지털 시대의 약국, 새로운 패러다임을 열다

"혁신은 새로운 기술을 사용해 사람들의 삶을 더 쉽게 만드는 데 있다." 클레이튼 크리스텐슨 '파괴적 혁신'의 한 구절이다. 우리는 지금 디지털 혁명의 한가운데 서 있다. 인공지능이 인간의 영역을 넘보는 시대에 약국도 이러한 변화의 물결을 피해갈 수 없다.

시대 흐름을 감지한 김 대표는 늘 한발 앞서 약국의 새로운 미래를 스케치해 나간다. 그가 꿈꾸는 약국은 지역 주민들의 건강을 관리하는 '주치약국'이자, 건강에 관한 다양한 궁금증을 상담할 수 있는 '사랑방'이며, 다양한 연령층이 편안하게 찾는 '드럭스토어'라고 말한다. 이는 단순히 약을 파는 곳이 아닌, 우리 삶에 깊숙이 스며든 건강 관리의 중심지로서의 약국을 의미한다.

그런 의미에서 참약사가 추구하는 '팜-딥테크'는 이러한 비전을 실

현하기 위한 핵심 전략이다. 참약사는 맞춤형 영양 상담부터 표준화된 약사 상담 솔루션, 만성질환 케어까지 이 모든 과정에 첨단 기술을 접목시켜 이전엔 없던 혁신을 실현시켜 나가고 있다.

 이는 기술을 통해 인간의 가치를 높이는 진정한 혁신의 방향을 제시한다. 김 대표는 디지털 기술을 약사와 환자 사이의 소통을 더욱 깊고 의미 있게 만드는 도구로 활용하고 있는 것. 이러한 참약사의 혁신 여정은 단순한 기업의 경영 스토리를 넘어, 산업 전체의 혁신과 사회적 가치 창출의 가능성을 보여주는 의미있는 서사다. 이제 참약사가 구현

할 약국은 먼 미래가 아닌 우리 앞의 현실이다. 처방전을 들고 약을 받아 가던 모습 대신, 약사와 함께 건강 상담을 하고 맞춤형 관리 계획을 세우는 일상. 참약사가 실현하고 있는 약국의 새로운 장면이다.

사이렌 Rx에서부터 약고리즘까지

"약국은 단순히 의약품을 판매하는 공간이 아닙니다. 약사가 중심이 되어 고객의 건강을 관리하고 신뢰를 쌓아가는 미래형 플랫폼이어야 합니다."

김 대표는 기존 약국의 패러다임을 획기적으로 재창조할 혁신적 서비스 '팜-딥테크'를 어떻게 구현해 나가고 있을까. 그는 "참약사의 비전은 약국을 단순한 조제 공간에서 지역사회 건강관리의 중추적 허브로 승화시키는 것"이라며 첨단 데이터 분석과 AI 기술을 접목한 맞춤형 건강관리 시스템을 체계적으로 도입해 약국 서비스의 새로운 지평을 열어가고 있다.

우선 디지털 처방전 상담 시스템인 '사이렌 Rx'의 실현이다. 사이렌 Rx는 마이데이터를 활용하여 간편한 처방전 접수 및 상담이 가능한 서비스다. 고객이 미리 전송한 건강 데이터와 건강보험심사평가원의 처방 이력을 활용해 약사가 정확하고 효율적인 복약 지도를 제공한다. 이를 통해 환자는 대기 시간을 줄이고, 약국은 업무 효율성을 높일 수 있다.

개인 맞춤형 건강기능식품을 추천하는 메디어리(Mediary)도 현실화하고 있다. 메디어리는 AI를 기반으로 건강검진 데이터와 식습관 분석을 통해 최적의 건강기능식품을 추천하는 서비스다. 한국인의 건강 데이터를 바탕으로 설계된 이 서비스는 19종의 건강기능식품을 제공하며, 오프라인 약국 환경에 적합한 맞춤형 건강 관리 솔루션을 제시한다. 지난해 2월에는 건강기능식품 천연물 연구개발 및 플랫폼 전문 기업 빅썸바이오와 AI 기반 설문과 약물상호작용, 드럭머거 점검 기능을 탑재한 개인맞춤형 건강기능식품 추천 서비스의 시너지 확대를 위한 전략적 MOU를 체결했다. 이는 메디어리 서비스 경쟁력 강화로 이어질 것이라는 전망이다. 양측은 핏타민을 100% 약사 상담 모델로 구축하는 데에도 머리를 맞대왔다.

'약고리즘'도 도입했다. AI 기반 일반의약품 상담 시스템이자 현재 정부 과제로 개발 중인 약고리즘은 환자의 증상을 디지털 설문으로 사전에 파악해 약사가 보다 전문적이고 효율적인 상담을 할 수 있도록 지원한다.

이 밖에도 디지털 약력관리 시스템은 처방약 봉투에 기재된 정보를 디지털화하여 환자가 언제 어디서나 관련 정보를 확인할 수 있는 앱 서비스다. 이 시스템은 특정 약물 장기 복용 시 결핍될 수 있는 영양소나 주의해야 할 식품 정보를 제공하여 생활 습관 관리까지 돕는다.

참약사는 만성질환자 건강관리 서비스도 실행한다. 옐로시스와 협력하여 소변 기반의 AI 건강관리 솔루션을 개발 중이다. 이 서비스는 소변 상태를 분석해 염증 여부, 단백질, 포도당, 체내 산성도 등 건강 지표를 확인하고 맞춤형 건강관리 방안을 제시한다.

참약사의 이러한 혁신적 행보는 약국을 '주치약국'이라는 새로운 차원으로 진화시키고 있다. 디지털 기술과 헬스케어의 유기적 융합은 약사의 전문성을 한층 강화하고, 환자들에게는 맞춤형 건강관리라는 새로운 가치를 제공한다. 이는 단순한 약국의 변화를 넘어, 지역 의료 생태계 전반의 혁신을 주도하는 촉매제로 작용하고 있다.

애정과 철학이 빚어낸 리더십의 진수

이러한 혁신적 행보의 중심에는 김 대표의 탁월한 리더십이 있다. 진정한 리더십은 단순한 조직 운영 기술을 넘어 확고한 철학과 구성원을 향한 진심 어린 애정에서 비롯된다는 그의 신념은 경영 현장에서 생생하게 구현되고 있다.

"참약사는 제게 첫째와 둘째 아이 사이에 태어난, 1.5번째 자식 같은 존재입니다." 그의 이 섬세한 비유는 참약사가 지닌 특별한 위상과 가치를 함축적으로 드러낸다. 이는 단순한 수사적 표현을 넘어, 기업을 하나의 생명체로 바라보는 그의 경영 철학을 압축적으로 보여주고 있다. 특히 참약사를 '자식같은 존재'에 비유하는 그의 관점은 수익 창출이라는 일차원적 기업관을 초월한다. 김 대표에게 참약사는 독자적인 '존재 가치'를 지닌 유기체다. 이는 기업이 단순한 영리 추구의 도구가 아닌, 구성원들의 꿈과 비전이 공명하며 함께 성장해가는 살아있는 공동체임을 역설한다. 마치 부모가 자녀의 성장을 지켜보며 정성을 다하듯, 그는 참약사의 발전을 위해 전심전력을 기울인다. 그러나 이는 개인의 야망을 실현하기 위한 것이 아닌, 기업이 독자적 주체로 우뚝 설 수 있도록 하는 원대한 비전에서 비롯된다.

김 대표의 리더십은 다양한 가치가 조화롭게 어우러진 오케스트라와 같다. 구성원을 향한 애정과 산업에 대한 책임감, 그리고 협력이 만들어내는 시너지가 그 핵심을 이룬다. 전통과 혁신의 균형, 인간적 가치의 실현에서 빛나는 그의 탁월한 통찰력은 남다르다. 이러한 포용적

이고 따뜻한 리더십을 바탕으로 참약사는 헬스케어 혁신을 향한 새로운 도약을 준비하고 있다. '1.5번째 자식'이라고 표현할 만큼 각별한 애정을 쏟아온 참약사는 이제 독자적인 성장 궤도에 올라 그와 함께 무한한 잠재력을 현실로 구현해가고 있다.

위대한 리더십은 심리적 자본으로부터

"늦둥이 둘째가 태어났는데, 존재 자체가 힐링입니다." 이번 인터뷰에서 김 대표는 늦둥이 둘째의 이야기를 언급하며 젊은 리더의 새로운 리더십 모델을 제시하기도 했다. 화사한 미소를 머금은 그의 표정에서 일과 가정의 조화로 빚어진 평온함이 묻어났다.

우리는 흔히 리더십의 담대함을 전장의 용맹함에 비유하지만, 진정한 담대함은 평화로운 항구에서 시작되는 원양항해와 같다. 가정이라는 안전한 포구가 있기에 미지의 바다를 향한 도전이 가능하다는 것이 그의 철학이다. 이는 하버드의 빌 조지 교수가 '진정성 리더십'에서 강조한 "위대한 리더십은 온전한 자아에서 시작된다"는 통찰과 맞닿아 있다.

긍정심리학의 권위자 마틴 셀리그만 교수는 이러한 현상에 과학적 근거를 더한다. 안정된 가정생활이 자기 효능감, 낙관성, 회복탄력성, 희망으로 구성된 심리적 자본을 강화한다는 것이다. 그의 종단 연구는 높은 심리적 자본을 가진 리더들이 위기 상황에서 40% 더 효과적인 의사결정을 내린다는 점을 입증했다.

김 대표의 열정과 과감한 도전 정신은 이처럼 온전한 자아와 바른 삶의 철학에 뿌리를 두고 있다. 위대한 리더십에 필요한 것은 '일과 가정의 양자택일'이 아닌 '일과 가정의 선순환'이라는 그의 믿음은 참약사의 혁신을 이끄는 또 하나의 원동력이자 참약사의 오늘을 있게 한 숨은 공신이다.

아시아 최대 약국체인을 향한 혁신의 이정표

대한민국 약국 체인 산업에서 펼치는 참약사의 혁신적인 도전은 지금도 현재진행형이다. 창업 초기 '대한민국 최고의 약국 체인'이라는 청사진을 그렸던 김 대표는 이제 그 비전의 지평을 글로벌 무대로 확장하며 더 큰 도약을 준비하고 있다.

"10년 후에는 아시아 최대 약국 체인으로 우뚝 서는 것이 우리의 목표입니다."

특히 김 대표의 리더십은 조직의 지속가능한 성장이라는 대의에 방점을 찍는다. "조직을 더 잘 이끌 수 있는 리더가 있다면 기꺼이 자리를 내어줄 것"이라는 그의 진심 어린 고백에서, 개인의 영달을 초월한 조직의 번영을 추구하는 원대한 경영 철학이 빛을 발한다.

참약사가 그려나가는 미래는 단순한 규모의 확장을 뛰어넘는다. '아마존과 같은 디지털 혁신 기업'으로의 비상을 꿈꾸며, CU나 올리브영의 성공적인 리테일 모델을 약국 산업에 접목하려는 과감한 시도가 이를 방증한다. 이는 전통적인 약국의 패러다임을 혁신적으로 재해석하여, 소비자에게 전에 없던 가치를 제공하는 차세대 헬스케어 플랫폼으로의 진화를 예고한다.

"아시아를 넘어 글로벌 시장에서도 우리의 존재감을 각인시키겠습니다." 참약사의 이 담대한 도전은 한국 약국 산업의 새로운 지평을 여는 여정이다. 이는 단순한 산업의 변화를 넘어, 대한민국 헬스케어의 미래를 선도하는 혁신의 이정표가 될 것이다. 건강한 삶의 가치를 재정의하며 글로벌 무대를 향해 날개를 펼치는 참약사의 비상. 그들이 그려나갈 내일의 청사진은 이미 우리의 기대를 뛰어넘어, 한국 약국 산업의 새로운 르네상스를 예고하고 있다.

김병주 대표는…

참약사 대표이사, 고려대 약대 겸임 외래교수, 약대협 자문위원, 약사회 임원 역임

금융의 디지털 대전환 이끄는 비전 메이커

한국CEO경영대상
디지털 대전환 부문

김상민 부산디지털자산거래소(Bdan) 대표

'다음 지평선 너머를 보는 혁신가의 눈'. 세일스포스 마크 베니오프의 이 말은 김상민 부산디지털자산거래소(Bdan) 대표의 리더십을 관통한다. 부산 해안가의 우뚝 선 등대처럼, 그는 디지털 금융의 미래를 비추는 선구자적 혜안으로 시장을 선도하고 있다. 글로벌 최초로 분권형 거버넌스를 도입한 4세대 블록체인 거래소 '비단(Bdan)'의 출범은 그의 혁신적인 통찰력이 만든 결실이다. 동서를 잇는 디지털 실크로드 구축이라는 담대한 도전 앞에 선 그는 세계 디지털 금융의 새로운 장을 열어 갈 금융 혁신의 대항해를 시작했다.

"혁신은 다음 지평선 너머를 볼 수 있는 능력이다."

세일스포스의 CEO 마크 베니오프의 말이다. 김상민 대표는 디지털 자산 시장의 미래를 그리는 비전 메이커. 그의 시선은 늘 수평선 너머를 향한다. 당장 눈앞의 파도보다는 새로운 항로를 개척하는 데 집중하며, 시장의 불확실성이라는 안개 속에서도 흔들림 없는 방향성을 제시한다. 시장의 흐름을 예리하게 읽어내는 통찰력, 그 너머의 가능성을 현실로 만들어내는 추진력은 그가 지닌 리더십의 본질이다.

최근 김 대표는 새로운 금융 혁신의 이정표를 세운 공로를 인정받아, '한국CEO경영대상 디지털 대전환 대상'의 영예를 안았다. 이번 수상은 단순한 경영 성과를 넘어, 첨단 기술로 인류의 미래를 밝히는 선구적 리더십을 높이 평가받은 것이다.

"이번 수상은 미래를 향한 새로운 책임을 갖게 합니다. 블록체인, AI, 로봇 등 첨단 기술은 이제 우리 삶의 지평을 넓히는 핵심 동력이 되었습니다. 우리는 이 기술들을 통해 미래를 한 걸음 더 가까이 당겨올 수 있습니다."

김 대표의 수상 소감에도 알 수 있듯 그의 시선은 늘 미래를 향한다. "혁신은 끝없는 여정입니다. 우리가 만드는 기술이 일상의 행복으로 이어지고, 더 나은 미래를 앞당기는 촉매가 되도록 멈추지 않고 전진하겠습니다."

새로운 금융 혁신에 동참하는 현재를 '인생의 행운'이라고 표현한 김 대표는 블록체인 산업의 필연성을 강조한다. "블록체인은 실현 가능성의 문제가 아닌 시간의 문제"라고 단언한 그는 "모든 가치 있는 자산이 결국 블록체인 기술을 통해 토큰화될 것"이라고 전망했다. 나아가 부산을 거점으로 블록체인 기반의 분권형 공정·통합거래소 모델을 구축해 글로벌 스탠더드로 정립하겠다는 비전을 제시했다.

지자체가 주도한 한국 최초의 디지털자산거래소, '비단(Bdan)'

글로벌 금융 질서가 디지털 전환의 거대한 변곡점을 맞이한 가운데, 부산은 세계적인 디지털 금융도시, 선도적 미래기술도시가 될 새로운 패러다임을 제시하고 나섰다. 국내 유일의 블록체인 규제자유특구인 부산이 첫 디지털 자산 거래소를 출범시키며 금융 혁신의 새 장을 연 것. 부산디지털자산거래소(Bdan)는 11개 주요 기업과 부산시의 전략적 파트너십을 기반으로 설립되어, 블록체인 시티를 표방해온 부산의 디지털 전환을 가속화할 핵심 동력으로 주목받고 있다. 덕분에 2019년 블록체인 규제자유특구 지정 이후, 부산은 체계적인 생태계 구축을 통해 아시아 디지털 금융의 중심지로 거듭나고 있다.

최근 부산디지털자산거래소는 부산 기회발전특구의 3대 앵커 기업으로 선정된 바 있다. BNK자산운용사, 코스콤과 같은 금융권 중추 기업들과 어깨를 나란히 하게 된 것은 단순한 상징적 의미를 넘어선다. 이는 부산디지털자산거래소가 보유한 혁신적 기술력과 전문 인력의 우수성을 시장이 공식적으로 인정했다는 점에서 의의가 크다. 신생 기업임에도 불구하고 이러한 위상을 확보한 것은 디지털 자산 시장에서의 기술적 우위와 미래 성장 잠재력을 입증한 결과다.

글로벌 금융의 새 역사 쓰다

지난 해 10월 28일 부산. '블록체인 위크 인 부산(Blockchain Week in Busan, 이하 BWB) 2024' 개막식에서 지자체가 주도한 한국 최초의 디지털자산거래소 '비단(Bdan)'이 그 웅장한 막을 올렸다. BWB2024는 블록체인 특구 부산에서 업계 전문가들이 모여 정보를 교류하고 블록체인 산업 생태계 구축과 비전 등을 심도 깊게 다루는 행사다. 비단은 단순 디지털 자산 거래 플랫폼을 넘어 사람과 사람을 연결하고 일상을 바꾸고자 하는 의미가 담겼다.

부산디지털자산거래소 '비단'은 각 분야를 대표하는 11개 기업이 모여 디지털 금융 생태계를 선도하고 있다. IT 기술의 선두주자 아이티센을 중심으로, 혁신 투자의 메인스트리트벤처스, 클라우드 기술의 강자 NHN클라우드가 기술적 기반을 다진다. 여기에 아카데미상 수상작 '기생충'의 IP를 보유한 바른손, 글로벌 애니메이션 '뽀로로'의 제작사 오콘이 문화 콘텐츠의 혁신을 더하고 있다. 금융의 전문성은 하나은행, 하나증권이 맡고, 블록체인 기술의 혁신은 옵티머스블록코리아와 위더스파트너스코리아가 이끈다. 매일경제신문사와 부산일보는 미디어의 전문성으로 힘을 보태고 있다. 이들의 협력은 단순한 연합을 넘어선다. 각자가 쌓아온 전문성과 경험이 시너지를 이뤄 글로벌 디지털 금융의 새로운 역사를 만들어가고 있다.

"투자자 보호를 최우선으로 하는 4세대 분권형 블록체인 거래소 '비단'은 디지털 실크로드를 구축해 한국과 부산을 대표하는 글로벌 거래소로 도약하겠습니다."

특히 이번 BWB2024에서는 싱가포르·일본·태국·말레이시아·캄보디아 등 '아시아권 디지털자산거래소 얼라이언스' 출범식을 통해 투자자들의 신뢰성을 한층 높였다. 부산디지털자산거래소 비단은 앞서 오사카 디지털자산 거래소(ODX), 말레이시아 디지털자산 거래소(GreenX), 비맥스, 세계 최대 디지털자산 수탁사인 비트고(BitGo) 등 각국 정부로부터 인허가를 받은 거래소들과 업무협약(MOU) 및 긴밀한 비즈니스 협약을 맺은바 있다. 이들이 BWB2024에 한데 모여 부산디지털자산거래소 비단과 함께 출범식을 가진 것. 김 대표는 "부산디지털자산거래소는 정부 인허가를 받은 각국 거래소들과 업무협약을 체결해 거래소 출범 이전부터 신뢰성과 공정성을 확보한 상태"라며 "부산이 세계적인 디지털 금융 중심지로 진일보하는 데 발판을 마련한 것"이라고 강조했다.

김 대표가 그리는 '비단'의 청사진은 분명했다. 고대 실크로드가 동서양의 문명을 잇는 가교 역할을 했듯, 비단은 디지털 시대의 새로운 실크로드를 개척하며 글로벌 금융의 새 지평을 열어가겠다는 것이다. 대한민국 유일의 블록체인 특구라는 부산의 지정학적 강점과 혁신의 DNA가 만나 디지털 금융의 새로운 밑그림이 그려진 것이다. 김 대표는 이를 발판으로 비단을 글로벌 디지털 금융의 중심축으로 키워내겠다는 원대한 비전을 펼쳐 보였다. 이제 부산은 단순한 항구도시를 넘어, 세계 디지털 금융의 새로운 허브로 도약하려는 첫걸음을 내딛었다.

미래 금융의 新 실크로드를 열다

고대 동서 교역의 핵심 매개체였던 비단(緋緞)의 역사적 상징성은 부산디지털자산거래소의 새로운 정체성이 되었다. 이는 글로벌 금융의 새로운 대동맥이 될 디지털 실크로드를 개척해 차세대 금융 생태계의 혁신을 선도하겠다는 포부를 함축한다. 이를 위해 부산디지털자산거래소는 실물연계자산(RWA) 거래 플랫폼을 시작으로, 센골드 인수를 통해 첫 서비스를 선보일 예정이며, 이는 거대한 여정의 시작점이다.

"규제 프레임워크와 산업 생태계의 진화에 발맞추어 토큰증권발행(STO) 및 프리미엄 암호자산 거래를 아우르는 종합 금융 플랫폼으로의 도약을 준비하고 있습니다. 나아가 'Target 2026 블록체인 시티 부산' 이니셔티브를 주도하며, 세계 최초의 웹3.0 인프라를 구축한 부산을 글로벌 디지털 금융의 중심지로 탈바꿈시키는 데 앞장서겠습니다."

이처럼 부산디지털자산거래소는 혁신적 기술과 견고한 시스템을 기반으로 글로벌 디지털 금융의 새로운 중심축으로 자리매김하는 데 역사적 전환점을 만들어가고 있다.

혁신적 거버넌스로 신뢰 기반 다져

부산디지털자산거래소는 글로벌 디지털 자산 거래소 중 최초로 '분권형 거버넌스 체계'를 구축했다. 투자자 보호를 최우선으로 하는 차세대 거래소 모델인 분권형 거버넌스. 이러한 혁신적 지배구조는 기존 중앙화 거래소와 차별화되는 부산디지털자산거래소만의 핵심 경쟁력으로 평가받고 있다. 특히 분권형 거버넌스의 핵심은 투자자 보호 메커니즘의 고도화와 운영 투명성의 극대화에 있다. 글로벌 디지털자산 거래소 최초로 도입한 이 시스템은 예탁결제, 상장평가, 시장감시 기능의 분립을 통해 상호 견제와 균형을 이루며, 이는 투자자 보호를 위한 견고한 제도적 방벽으로 작용한다. 의사결정 권한의 분산화를 통해 특정 이해관계자의 독단을 원천적으로 차단하고, 투자자들의 거버넌스 참여를 보장함으로써 시장 참여자들의 목소리가 정책에 실질적으로 반영되는 혁신적 플랫폼을 구현했다.

"투자자들이 직접 거버넌스에 참여함으로써 그들의 의견과 요구를 정책 결정에 반영할 수 있는 기회를 제공합니다. 부산디지털자산거래소가 시장의 신뢰를 얻고 투자자들에게 보다 안전하고 공정한 거래 환

경을 제공하는 중요한 기반인 셈이죠. 거버넌스 구조적으로도, 기술적으로도 안전하고 편리한 거래소 본연의 역할에만 집중할 수 있는 4세대 블록체인 거래소가 탄생한 겁니다." 거버넌스와 기술 인프라의 유기적 결합은 차세대 블록체인 거래소의 새로운 패러다임을 제시하며, 글로벌 디지털 금융의 미래를 선도하는 이정표가 되고 있다.

혁신과 도전으로 점철된 개척자

부산디지털자산거래소의 태동은 불확실성에 대한 도전의 장대한 여정이다.

"초기에는 블록체인과 디지털 자산 생태계에 대한 시장의 이해도가 미흡했고, 규제 프레임워크의 불확실성으로 인해 사업의 실현 가능성에 대한 회의적 시각이 존재했습니다. 시장의 목소리를 충분히 수렴하지 못했던 초기의 한계를 극복하기 위해, 다양한 이해관계자들과의 전략적 협력을 강화하고 업계 전문가들과의 심도 있는 논의를 통해 비전과 전략의 방향성을 재정립했습니다."

이러한 노력 덕분에 부산디지털자산거래소는 국내 공공 IT 인프라의 선도기업인 아이티센을 주축으로, NHN클라우드, 바른손, 오콘, 하나은행, 하나증권 등 11개 주주사와의 전략적 제휴를 이룰 수 있었다. 각 기업이 보유한 고도화된 기술력과 산업별 전문성, 차별화된 콘텐츠 자산이 시너지를 이루며 사업의 견고한 토대를 구축할 수 있게 된 것이다.

"급변하는 규제 환경과 정책 변화에 유연하게 대응하기 위해 정부 기관과의 유기적 협력 체계를 구축하고, 지속적인 소통을 통해 규제의 장벽을 혁신적으로 극복하는 실행 가능한 솔루션을 도출하는 데 주력했습니다."

이러한 치열한 도전과 혁신의 과정을 거쳐 부산디지털자산거래소는 마침내 성공적인 출범을 이뤄냈으며, 이제 금융의 새로운 지평을 열어갈 준비를 완료했다.

공동의 목표 실현한 소통의 리더십

김 대표는 부산디지털자산거래소 설립추진위원장에서 최근 CEO로 선임되기까지, 거래소 설립의 청사진을 그리고 실현하는 전 과정을 진두지휘했다.

"부산디지털자산거래소 설립추진위원장으로서의 여정을 되돌아보면, 다양한 이해관계자들과의 전략적 협력과 끊임없는 소통을 통해 공동의 목표를 실현해낸 경험이 가장 깊은 인상으로 남아있습니다."

태동기에는 블록체인 분야의 전문 인재를 발굴하는 것조차 난제였다고 한다. 검증된 기술력과 실증적 성과를 보유한 기업과 전문가를 발굴하고, '미래 적용 가능성'과 '기업가 정신의 진정성' 등을 심층적으로 검증하는 과정은 결코 순탄치 않았음을 피력했다. 특히 블록체인 기술의 실효성이 시간의 경과 후에야 입증되며, 기술력을 평가할 객관적 기준이 부재했던 환경 속에서 끊임없는 소통과 협력을 통해 새로운 평가 체계를 구축해 나갔다.

"블록체인 기술은 이제 실현 가능성을 넘어 시간의 문제로 진화했습니다. 이미 우리의 일상 속에 빠른 속도로 융합되어가고 있죠. 저희는 블록체인 기술이 시민들의 삶에 자연스럽게 스며들어 더욱 풍요롭고 안전한 미래를 창출하는 것을 최우선 가치로 추구하고 있습니다."

이러한 비전 실현을 위해 그는 블록체인 산업 생태계와 지역 사회와의 신뢰 구축에 각별한 노력을 경주했다. 블록체인 프로젝트의 혁신성과 부산이 디지털 금융 허브로 도약할 수 있다는 비전을 공유하며, 규제 혁신과 제도적 지원 체계 구축을 위한 중앙정부와의 협력 관계도 공고히 했다. 수많은 도전과 난관이 있었으나, 부산디지털자산거래소의 성공적 출범으로 결실을 맺게 된 이 여정은 그에게 깊은 의미로 각인되었다고 김 대표는 회고했다.

정치에서 디지털 금융까지

블록체인 전문가인 김 대표는 지금의 자리에 있기까지 때론 과감하게 때론 성실한 자세로 도전의 단계를 밟아 나갔다. 19대 국회에서의 핀테크와 블록체인 정책을 다루던 순간은 김 대표의 새로운 여정이 시작되는 전환점이었다. 디지털 금융의 가능성을 목도한 그 순간부터, 블록체인은 그의 삶에 운명처럼 자리 잡았다.

정치의 장을 떠난 후, 그가 선택한 길은 의외의 도전이었다. 인문학도였던 그가 아주대 약학대학원에서 약학 박사과정을 수료한 것이다. 이는 단순한 학문의 전환이 아닌, 초고령화 시대를 준비하는 깊은 통찰에서 비롯된 선택이었다. ㈜이롬의 대표이사 겸 부회장으로서의 경험은 그의 시야를 더욱 넓혔고, 디지털 헬스케어와 블록체인 기술의 융합에 대한 그의 안목을 더욱 깊게 만들었다.

특히 부산시의 블록체인 특구 프로젝트가 난관에 부딪혔을 때, 그를 향한 제안은 운명적이었다. '독박을 쓰는 일'이라며 만류하는 이들의 우려 속에서도, 그의 선택은 확고했다. 그에게 이 도전은 '풀리지 않는 수학문제'와 같았지만, 동시에 대한민국의 미래 경쟁력을 위한 필수적인 과제였다.

"진정한 리더십은 미래에 대한 청사진을 그리고, 그것을 현실로 만들어가는 준비와 실행에 있습니다." 이러한 그의 철학은 박형준 부산시장과의 공감대를 형성했고, 이제 최첨단 블록체인 기술을 통해 새로운 미래를 설계하는 도전으로 이어지고 있다. 정치인에서 기업인으로의 변신에 성공한 김 대표. 이는 단순한 경력의 전환이 아닌, 시대의 흐름을 읽고 미래를 준비하는 혁신가의 여정이었다.

블록체인 사업의 지형도 바꾼다

이처럼 확고한 비전과 탄탄한 기술력을 토대로 출범한 부산디지털자산거래소. 이들의 혁신적 행보가 디지털 금융과 블록체인 산업의 지형도를 근본적으로 재편할 것이라는 기대가 고조되고 있다. 김 대표는 부산디지털자산거래소가 국내 최초의 디지털자산 거래소로서 블록체인 기술의 신뢰성 제고, 부산의 금융 허브화, 그리고 산업 성장을 위한 규제 환경 개선이라는 세 가지 측면에서 긍정적 혁신을 주도할 것이라고 전망했다.

"부산디지털자산거래소는 국내 최초의 공신력 있는 디지털자산 거래소로서, 블록체인 기술과 디지털자산에 대한 신뢰도를 한 단계 높이는 획기적인 전환점이 될 것입니다. 특히 실물자산의 토큰화를 기반으로 한 혁신적 거래 모델은 디지털자산 시장의 투명성을 근본적으로 개선하며, 이는 곧 투자자들의 신뢰 확보와 시장의 건전한 성장으로 이어질 것입니다."

더불어 부산은 글로벌 블록체인 생태계의 첨단 인프라를 구축함으로써, 아시아를 넘어 세계적인 디지털 금융 허브로 도약할 발판을 마련하게 됐다. "이러한 변화는 필연적으로 지역 경제의 활성화와 양질의 일자리 창출이라는 긍정적 효과를 가져올 것"이라고 김 대표는 자신했다. 이는 블록체인 특구로서 부산의 위상을 강화하고, 중앙정부와의 유기적 협력을 통해 제도적 지원체계를 공고히 함으로써 관련 산업의 성장을 가속화할 것으로 기대를 모으고 있다.

"궁극적으로 부산디지털자산거래소의 성공적인 안착은 글로벌 디지

털 금융 시장에서 대한민국의 입지를 강화하는 결정적 계기가 될 것입니다. 이를 통해 국제 경쟁력이 제고되면서 해외 투자자들의 관심이 증대되고, 글로벌 디지털 금융 생태계에서 우리나라의 영향력이 한층 확장될 것으로 확신합니다."

RWA 시대를 열다

특히 눈에 띄는 것은 기존 금융 시스템의 높은 진입장벽에 막혀있던 스타트업과 중소기업들이 부산디지털자산거래소를 새로운 돌파구로 주목하고 있다는 점이다. 금융위원회의 '금융규제 샌드박스'는 혁신을 표방했지만, 그 문턱은 여전히 난공불락의 성벽과도 같았다. 이런 현실 속에서 RWA(Real World Asset) 프로젝트들은 부산디지털자산거래소를 금융 혁신의 이정표로 바라보고 있다.

이러한 변화의 물결은 단순한 기대를 넘어선다. 개인 투자자들에게는 다양한 자산 포트폴리오의 새 지평을, 기관 투자자들에게는 안정적 수익을 추구할 수 있는 미개척 영역을 제시하고 있다. 거래소는 이러한 시장의 니즈에 부응하기 위해 정교한 전략의 청사진을 그려냈다.

먼저, RWA의 가치와 잠재력을 알리는 기회를 마련했다. 세미나와 웨비나를 통해 투자자들의 이해를 돕고, 시장의 외연을 확장해 나갈 계획이다. 여기에 스타트업 인큐베이터, 금융기관과의 전략적 제휴로 RWA 생태계의 견고한 기반을 다질 예정이다.

특히 주목할 만한 점은 초기 RWA 프로젝트들을 위한 혁신적 지원 체계다. 파격적인 거래 수수료와 유연한 상장 조건으로 시장 진입의 문턱을 낮추고, 정교한 정보 플랫폼을 통해 투자자들의 식견 있는 판단을 돕는다. 이제 거래소는 소셜 미디어와 블로그를 통해 견고한 커뮤니티 구축에 나선다. 이는 단순한 소통의 장을 넘어, RWA 생태계의 근간을 이루는 초석이 될 것이다. 부산디지털자산거래소는 이처럼 금융의 새로운 패러다임을 제시하며, 대한민국 디지털 금융의 미래사를 써내려 가고 있다.

부산디지털자산거래소가 연주하는 삼중주 랩소디

웹3.0 시대의 금융 생태계에서 부산디지털자산거래소가 그리는 그림은 세 개의 견고한 기둥에 기반한다. 첫 번째는 실물 자산의 토큰화를 위한 기술적 탁월성이다. 최첨단 보안 시스템과 안정적인 기술 인프라를 통해, 투자자들이 실물 자산을 디지털 형태로 안전하게 거래할 수 있는 신뢰의 기반을 구축했다. 두 번째는 혁신적인 분권형 거버넌스의 실현이다. 이는 단순한 참여를 넘어선 진정한 민주적 운영을 의미한다. 투자자와 사용자들이 거래소의 핵심 의사결정 과정에 직접 참여함으로써, 투명성과 신뢰성이라는 두 날개를 달게 됐다. 세 번째는 규제 친화적 생태계 조성이다. 규제 기관과의 긴밀한 협력을 통해 명확하고 안정적인 규제 프레임워크를 구축함으로써, 기업들이 안심하고 참여할 수 있는 견고한 토대를 마련한다.

여기에 '글로벌 허브도시 특별법' 제정은 이러한 혁신에 날개를 달아줄 것으로 기대를 모은다. 이는 부산시에 규제 완화와 제도적 지원에 대한 자율성을 부여하며, 글로벌 기업들의 참여를 이끄는 촉매제가 될 것이다. 특히 파생금융상품의 도입은 시장에 새로운 활력을 불어넣을 것으로 기대를 모은다. 이는 투자자들에게 다양한 투자 전략을 제공하며, 시장의 역동성을 한층 더 높이는 계기가 될 것이다. 이처럼 부산디지털자산거래소는 기술, 거버넌스, 규제라는 세 축을 중심으로, 웹3.0 시대의 새로운 금융 패러다임을 구축해 나가고 있다. 이는 단순한 변화가 아닌, 디지털 금융의 새로운 장을 여는 역사적 전환점이 될 것으로 보인다.

글로벌 디지털 금융의 새로운 허브로

330만 메가시티 부산이 세계 최초의 웹3.0 생태계를 품은 도시로 탈바꿈하고 있다. 부산디지털자산거래소가 주도하는 'Target 2026' 프로젝트는 이러한 변화의 중심축이다. 이는 단순한 도시 개발을 넘어, 블록체인 기술을 시민의 일상에 스며들게 하는 혁신적인 도전이다.

김 대표가 그리는 청사진은 명확하다. 디지털상품거래소를 시작으로, 정부 규제와 산업 환경의 변화에 발맞춰 STO거래소로 진화하고, 비트코인과 이더리움 등 검증된 암호화폐가 거래되는 종합거래소로 성장한다는 것이다. 실물 자산의 토큰화는 이 여정의 핵심이다. 이를 통해 모든 자산이 디지털 형태로 자유롭게 거래되는 새로운 금융 생태계가 만들어질 것이다. 김 대표가 주도하는 메가톤급 혁신은 부산을 단순한 항구도시에서 동북아를 넘어선 글로벌 디지털 금융의 허브로 격상시키기에 충분 조건이다.

"비단은 끊임없는 연구와 혁신, 그리고 전략적 파트너십을 통해 이 원대한 비전을 현실로 만들어가겠습니다." 김상민 대표의 이 단호한 선언은 단순한 미래 비전이 아닌, 이미 우리 앞의 현실로 구체화되고 있다. 2026년, 세계 금융의 시선이 부산으로 향할 때, 부산디지털자산거래소는 디지털 자산 시장의 새로운 표준을 제시하며 아시아 금융 혁신의 중심축으로 우뚝 서 있을 것이다.

김상민 대표는…

부산디지털자산거래소(Bdan) 대표이사, 부산외국어대학교 석좌교수, 부산시 블록체인 정책고문, 부산 블록체인 규제자유특구 운영위원장, 전 19대 국회의원(정무위원회 위원), 전 이롬 대표이사 부회장, 아주대학교 약학박사 수료

100년 기업을 염원하는
간절한 포도나무

한국CEO경영대상
지혜와 통찰력 부문

김영철 바인그룹 회장

살아남기 위해 간절함의 비원이 쌓이고 여기에 정성까지 곁들여지면 기적이 일어난다. 자연계의 법칙을 거스르는 듯한 전설이나 신화에서 종종 등장하는 일화들이다. 기적을 비웃는 과학적 사고로서는 도저히 이해하기 힘든 일들이 실제로 일어나는 것이다. 포도나무의 생장 원리가 그렇다. 따스한 햇볕을 받으며, 적당히 내리는 빗물을 마음껏 들이키고 가벼운 바람으로 살랑살랑 마사지 받아야 풍성한 열매를 맺는 예민한 과일 '포도', 하지만 의외로 메마르고 척박한 사막의 푸석푸석한 먼지흙에서도 뿌리를 내려 질긴 생명력을 뽐낸다. 그래서 옛부터 물이 부족했던 중동 지역에서는 포도에서 수분을 보충하곤 했었다. 히브리인을 비롯한 중동 지역 사람들의 삶을 엿볼 수 있는 성경이나 유대교의 경전 중 하나인 탈무드에서 포도나무와 얽힌 이야기들이 자주 등장하는 것은 이 때문이다. 바인그룹의 상징 포도나무는 예민하지만 무던하고, 시거나 떫은 시절을 견디면 마침내 단물이 넘쳐 흐르는 최상의 맛을 선물한다.

김영철 회장이 이끄는 바인그룹은 리더의 간절함과 구성원의 화답이 시너지를 빚어낸 '전설의 기업'이다. 부상으로 운동을 접은 유도선수 출신이 전설의 출판사 세일즈맨으로 도약하고, 30년이 흐른 지금 10여 개의 계열사를 거느린 중견기업 오너 CEO로 성장해 100년 기업을 꿈꾸고 있다. 지난 2025년 1월 10일 서울시 동대문구에 위치한 바인그룹 사옥에서는 창립 30주년을 맞아 시무식을 겸해 특별한 행사가 열렸다. 이 자리에서 김 회장은 구성원들에게 100년 기업 비전을 향한 포부를 당당히 천명했다. '도전의 30년, 약속의 100년'이라는 주제 아래, 바인그룹이 일·구성원·고객에 대한 깊은 존중을 통해 가치 실현과 지속가능한 미래를 열겠다는 의지를 밝힌 것이다. 행사에서 구성원들은 30년 역사를 되돌아보는 영상을 시청하며 지난 회사의 여정을 되돌아봤고, 각 계열사 및 사업부의 2025 비전과 사업계획 목표 전략이 발표됐다. 모든 행사 콘텐츠는 본사와 사내 온라인 프로그램을 통해 그룹의 구성원들에게 실시간으로 공유됐다.

30년을 밟고 100년을 내딛다

바인그룹은 30주년을 기념해 공식 홈페이지 리뉴얼에 들어갔다. 새 홈페이지에서는 지난 30년간의 성과가 조명됐고, 그룹의 사업 영역과 계열사, 서비스를 보다 구체적이고 직관적으로 소개하는 방향으로 꾸며졌다. 특히 새로 추가된 웹 역사관에서는 그룹의 성장 과정을 디지털 기록물로 생생히 전달할 수 있도록 함으로써, 방문자들은 사진과 동영상, 창립 30주년 기념 영상 등을 통해 바인그룹의 역사를 간접적으로 체험할 수 있게 됐다.

"30년을 맞은 회사들이 국내에도 많은데, 특별한 감회라고 할만한 게 있나요? 하지만 100년 기업을 지향하는 바인그룹의 비전과 목표를 구성원들과 함께 다지고 제 스스로도 의지를 되새기는 자리였기 때문에 의미가 남달랐습니다. 30년 전 회사를 설립하던 당시의 마음가짐도 지금처럼 날이 서 있었습니다. 강한 의지가 바탕이 됐기 때문에 오늘의 바인그룹이 있을 수 있다고 생각합니다."

학창 시절 김영철 회장은 전도유망한 유도선수였다. 국가대표로 국제 시합에 나가 메달을 따는 것이 인생의 유일한 목표였고, 그가 꿈꾸던 삶은 운동과 떼서 생각할 수 없었다. 하지만 훈련 도중 큰 부상을 입으며 운동을 그만둘 수밖에 없었다. 자신의 전부였던 유도를 그만두면서 상실감이 컸지만, 삶에 대한 개척의지가 남달랐던 청년 김영철은 출판사에서 책을 판매하는 영업사원으로 변신해 인생의 목표를 다시 잡았다. '성공자는 남다르다'는 표현은 그가 유도선수 시절부터 인생의 좌우명으로 삼았던 문구였다. 이 글귀처럼 남다른 의지로 마음을 다잡았다.

"국가대표가 유일한 목표였을 정도로 열심히 훈련했습니다. 전국대회에 입상하면서 그 당시 유도로 가장 유명했던 경기대학교에 특기장학생으로 입학할 수 있었죠. 그런데 훈련에 너무 몰두한 나머지 무릎 인대가 많이 약해졌어요. 연습 도중 크게 다치면서 연골이 파열돼 운동선수로서의 꿈이 사라지고 말았습니다. 대학에 입학한 지 6개월이 채 되지 않았던 무렵이었죠."

먹고 살기 위해 학교를 그만두고 출판사 영업사원으로서 새로운 길을 걷게된 김영철 회장, 지금 생각해도 당시가 인생에서 가장 힘들었다고 회고한다. 하지만 남들이 기피했던 영업사원으로서 그는 의지 하나만으로 성공의 길로 진로를 잡을 수 있었다.

"운동을 그만두고 국민서관이라는 어린이책 전문 출판사의 영업사원으로 일을 시작했습니다. 전집이나 백과사전 등을 방문 판매하는 일이었는데요. 입사 후 판매 실적에서 1등을 놓친 적이 없었습니다. 30여 년 전 한 달에 2천만 원의 월급을 받던 직장인은 그리 흔치 않았습니다."

영업사원으로서의 성공 비결은 오로지 정신력과 끈기였다. 힘든 훈련을 견뎌낸 운동선수의 경험은 그를 강인하게 단련시켰고, 목표를 향한 의지가 흔들리지 않도록 쉴새 없이 기억을 되새겨줬다. 바인그룹의 모태인 주력기업 동화세상에듀코의 창업 스토리도 그룹의 상징인 포도넝쿨처럼 질긴 생명력을 바탕에 깔고 있다.

"회사가 업종 전환을 하면서 자의 반 타의 반으로 독립하게 됐습니다. 같이 일했던 동료 몇 명과 에듀코를 창업하고 시장 트렌드의 변화를 기민하게 반영하며 조금씩 업종을 전환하고 영역을 확장해왔습니다. 전집 판매에서 중고생 학습지 시장 진출, 동종업계 최초의 사이버 교육 시장 개척, 이 외에도 영어와 중국어, 방과후 수업 등 지속적인 사업영역 확대로 오늘의 바인그룹까지 지속적으로 사업을 확장해 왔습니다. 마치 포도넝쿨이 끝없이 뻗어 나가듯 회사는 뿌리를 뻗고 넝쿨과 가지가 무성해졌죠."

강인한 생명력과 초지일관의 멘탈리티

운동선수로서 아쉬웠던 그의 금메달은 다음 대에서 열매를 맺었다. 포도나무가 대를 이어 열매를 이어가는 것처럼 그의 아들은 꿈을 접었던 아버지의 비원을 풀어줬다. 김 회장이 회사의 상징으로 삼았던 포도나무의 개인적인 기적 체험이다.

"아들이 제 꿈을 대신 이뤄줬습니다. 너무나 고마웠죠. 큰아들이 유도 국가대표로 아시안게임에서 메달을 따고, 각종 세계대회에서 10여 개의 메달을 획득하며 유도의 대를 이었습니다. 이제 제 100년 기업의 꿈도 아들에 이어 손자 대에서 알찬 열매를 맺겠죠."

아버지의 꿈을 대신 이뤄준 '효자' 김광섭은 현재 계열사 바인재팬 대표이사로 재직하며 경영수업을 받고 있는데, 100년 기업의 목표를 공유하며 함께 걷는 든든한 동반자다.

김영철 회장은 리더의 에너지가 공부에서 나온다고 믿는 CEO다. 영역별 강의 콘텐츠를 휴대하며 수시로 듣는다. 산책이든, 운동이든, 출장이든 가리지 않고 배움을 실천하는 것이다. 사람들에게 동화 같은 삶을 선물하고 싶어 교육회사 '동화세상에듀코'를 세웠고, 오늘날 '바인그룹'의 뿌리가 됐다. 김영철 회장은 간절함이 기적을 일군다고 믿으며 지금도 한결같이 포도나무를 가꾸는 CEO다. 또 사내 곳곳을 교육 현장으로 만들어 회사의 자양분으로 삼고 있다. 교육의 덕을 톡톡히 본 자신이 살아있는 증거다. 탄탄한 중견기업을 일군 것도 모두 사회에서 받은 강의와 교육이 큰 힘이 되었다고 생각한다. 지금도 '교수'나 '강사'라는 사람을 만나면 벌떡 일어나 90도 인사로 존경을 표시하는데, 교육의 힘을 믿기에 가르치는 사람까지 존중하는 것이다. 구성원들에게도 적극적으로 교육을 권한다. 좋은 프로그램은 예산을 따지지 않고 권장의 수준을 넘어 아예 의무로 못박았다. 회사 설립 직후부터 사내 교육 프로그램인 '바인아카데미'를 만들어 운영하고 있는 것도 교육의 효과를 신봉하기 때문이다.

피닉스 리더십, 성공하는 사람들의 7가지 습관, 창조 프로세스 교육, 감사 행복 나눔 프로그램 등 모두 10가지로 구성됐다. 교육기업에서 시작한 탓에 연관성이 있다고 이해하기에는 지나친 면이 김 회장의 설명을 듣게 되면 무릎을 치게 된다.

"회사가 구성원을 먼저 성장시켜야, 인재가 되고 결국 그 인재가 회사를 성장시킬 수 있습니다. 과일의 씨앗에 들어 있는 잠재력을 믿어야 합니다. 잠재력은 엄청난 힘을 발휘합니다."

백년기업을 지향하는 김 회장은 바인그룹을 단순한 포도나무가 아니라 열매를 맺기 위한 근간이 되는 포도나무로 키우고 싶어 한다. 교육이라는 좋은 양분으로 직원과 고객이 함께 좋은 성장을 이루어 글로벌 기업의 뿌리로 삼는 것이다.

100년 기업, 매출 1조 원, 3만명 배출

김영철 회장의 집무실 벽에는 '100년 달력'이 걸려 있다. 그룹의 모태인 '동화세상에듀코'가 설립된 1995년부터 시작해 100주년이 되는 2094년까지 이어진 달력이다. 신설동에 위치한 바인그룹 본사 사옥에서는 100년 기업을 지향하는 의지를 느낄 수 있도록 사무실과 화장실 벽 등 곳곳에 명언이 걸려 있어, 회사의 구성원들은 매일매일 진지한 마음가짐을 되새긴다.

바인그룹의 비전은 글로벌 100년 그룹, 100Projects, 전 구성원 디지털리스트, 플랫폼비즈니스, 선한영향력 리더 양성 등으로 비전을 통해 김 회장의 추진력과 행동 의지가 돋보인다. 매출 1조 원 달성도 오매불망 그가 기원하는 목표 중 하나다. 한때는 양말 발목과 신발 뒤에도 매출 1조 원을 새긴 작은 문구를 붙이고 다닐 정도로 그에게는 간절한 수치다. 목표들을 이루려면 구성원들의 역량을 개발하는 것이 당연한 순서다. 교육기업답게 사내 교육 프로그램이 자연스럽게 마련되었다고 생각할 수 있지만, 김 회장 역시 처음부터 선한 리더로 타고난 것은 아니었던 모양이다.

" 원래 사람 중심의 경영철학으로 기업을 운영했던 것은 아니었습니다. 운동선수 출신이기 때문에 사업 초기에는 성과와 매출을 굉장히 중요하게 생각했습니다. 승부 근성과 도전 정신이 몸에 배어있기 때문이죠. 성과가 나오지 않으면 구성원들을 다그치기도 하고 경영지표의 숫자에 예민하게 반응했어요. 그런데 처음에는 같이 잘해보자고 구성원들을 독려하다가도 어느 순간 회사의 목표를 위해 구성원이 도구화되어가는 현상을 느끼게 되었습니다. 그래서 스스로 부족한 부분을 메우기 위해 각종 교육을 받으면서 내면에 많은 변화가 일어났습니다."

성과보다는 사람이 우선해야 한다는 것을 깨닫게 되자, 서서히 구성원 중심으로 회사의 지향점을 바꿔 나갈 수 있었다. 김 회장이 받았던 리더십 교육, 자기개발 교육, 관계성 교육 등을 구성원들에게도 받게 하면서 회사 내에서도 많은 변화가 일어났다. 교육의 기회를 제공받은 구성원들이 회사를 성장시키는 선순환이 시작되었던 것이다.

현재 바인그룹의 사업 영역은 다양해졌지만 무엇보다 모태가 된 주력기업은 어른까지 티칭과 코칭을 아우르는 온·오프라인 교육 전문기업 '동화세상에듀코'를 꼽을 수 있다. 전국 4천여 명의 학습코치들이 청소년 1대1 방문 또는 온라인 교육 서비스를 제공하고 있다.

대부분의 교육 브랜드에서 학생들에게 공부를 가르치는 방식이 티칭(Teaching)이라면 동화세상에듀코가 추구하는 교육의 핵심 키워드는 코칭(Coaching)이다. 학습방법을 가르치는 것뿐만 아니라 자신의 꿈을 찾을 수 있도록 지도한다. 끊임없는 질문과 상담을 통해 자신의 꿈이 무엇인지 스스로 깨닫도록 유도하고, 그 꿈을 이룰 수 있는 방법을 현실적으로 안내한다. 기존의 티칭에 드림 코칭과 인성 코칭을 더한 개념이다. 실제로 중고등학생을 대상으로 코칭을 실시하는 교육 브랜드는 흔치 않다. 아이들을 어떻게 다루고 가르칠지 혼란스러워하는 부모들을 위해서는 부모 코칭을, 은퇴 후 어떤 삶을 살아야 할지 고민하는 이들을 위해 커리어 코칭이 준비되어 있다.

선한 기업 바인그룹, 나눔과 상생

김 회장은 그룹명을 '바인(Vine)'으로 결정하기까지 오랜 시간 고민을 거듭했다.

"동화세상에듀코의 브랜드 네임은 동화 같은 아름다움을 꿈꾸는 마음으로 만들었습니다. 하지만 전체 계열사를 총괄하는 그룹명으로 하자니 어색한 부분이 있어서 새로운 기업명을 구상했죠. 거의 8개월 가까이 그룹 이름에 대해 고민했습니다. 많은 제안을 받았지만 어느 하나 딱히 마음에 와 닿는 이름이 없었어요. 그런데 어느 날 '바인'이라는 이

름을 보았을 때 "이거다" 싶었습니다. 동화 같은 아름다움을 그대로 간직한 이름이고 포도가 가진 상징성도 마음에 들었어요. 동화세상에듀코가 한 그루의 포도나무라면, 바인그룹은 그곳에 알알이 맺어지는 열매처럼 꿈을 실현할 수 있다고 생각합니다."

바인그룹의 바인(Vine)은 포도 열매가 아닌 포도나무 전체를 의미한다. 바인그룹 CI의 포도나무는 개인 성장과 조직 성장의 열매, 올곧은 시스템으로 양질의 성장을 이루는 커뮤니케이션 줄기, 좋은 양분을 흡수해 글로벌 그룹의 근간으로 거듭나게 하는 뿌리를 모두 포함한다. 끝없이 뻗어 나가는 포도나무의 모습은 조직과 사회에 선한 영향력을 발휘하는 바인그룹의 발전 과정과 닮아 있다. 에듀코가 모태가 됐고, 지금도 역시 주력계열사지만 30년의 세월 동안 바인그룹은 유학·여행·외식·무역·건설 등 질긴 생명력의 포도나무 넝쿨처럼 다양한 분야로 사업 영역을 넓혀 나갔다. 선한 영향력을 지향하는 기업답게, 김 회장은 기업의 사회적 역할에도 남다른 실천력을 보여준다. 최근 모든 산업계의 화두인 ESG 경영을 특히 강조하며, '일사일촌 농촌마을 가꾸기 봉사활동'을 비롯 '사랑의 쌀, 김치 나눔 활동', '자원봉사' 등 크고 작은 사회공헌 프로그램이 쉴새 없이 가동중이다.

바인그룹의 본업 특성을 살린 학습지원도 꾸준히 실천하고 있다. 지난 2021년도부터 KBS1 시사다큐 프로그램인 '동행'에 출연한 청소년들에게 학습지원을 진행하고 있는 것이다. 최근 이뤄진 23번째 학습지원 대상은 동행 483회 '나의 나라, 나의 첫 겨울'편(2024. 11. 23. 방영)에 출연한 지우성 군이다. 바인그룹은 한글 문법 및 국어수업을 지원해 국내 정착을 돕고 있다. 우성 군은 한국인 아버지와 중남미 대륙의 섬나라, 아이티공화국 출신 어머니 사이에서 태어난 다문화가정의 청소년이다. 지난해 7월, 아이티 내전을 피해 생사를 걸고 한국으로 긴급 탈출했다. 가족이 살던 집과 마을은 갱단 습격으로 초토화됐고, 아이티에 남은 엄마와 가족들은 삶의 터전을 잃고 임시 거처에서 힘겹게 버티고 있는 상황이다. 두고 온 엄마가 여전히 그리운 우성 군이지만, 한국어 공부와 학교생활, 친구들과 잘 지내려고 노력한다. 우성 군의 꿈은 외교관이 되어 훗날 아이티에 있는 가족들도 한국으로 데려와 도와주는 것이다. 바인그룹은 중학교 입학을 앞둔 우성 군이 듣고 말하는 것에 비해 읽고 쓰는 한글 문법이 아직 부족함에 코칭교육계열사 상상코칭의 한글 문법과 국어 교육을 지원하기로 했다. 해당 내용은 지난 1월 25일 489회 '방송 그 후' 코너에서 방영됐다.

의지와 끈기는 인생의 동력

바인그룹이 지원하는 청소년 대상 사회공헌은 남다른 화제를 모으고 있다. 청소년들의 자기성장과 자존감 회복을 돕는 사회공헌 프로그램 '위캔두'를 통해 교육 기부에 적극 참여하며 큰 호응을 얻고 있는 것이다. 지난 2024년 12월 일산 킨텍스에서 열린 '2024 늘봄학교·교육기부 박람회'에도 바인그룹이 참가해 '위캔두' 프로그램을 소개했다. 교육부가 주최하는 이 박람회는 13년째 교육기부 활성화를 위한 중요한 행사로 올해는 EBS 교육혁신 컨퍼런스와 함께 개최됐다. 바인그룹은 박람회에서 '위캔두' 프로그램을 소개하며 약 300여 명의 학생, 학부모, 교육청 관계자 및 교사들이 체험 부스를 방문했다. '위캔두'는 2017년 시작된 프로그램으로, 청소년들이 자존감을 회복하고 자기주도적인 성장과 시간 관리, 감사를 통한 인성 교육을 목표로 한다. 지난 7년간 3,500명 이상의 학생들에게 긍정적인 변화를 안겨준 이 프로그램은 이번 박람회에서도 큰 관심을 받았다. 특히 '강점 아바타 만들기' 체험을 통해 참여자들은 자신만의 강점을 발견하는 시간을 가졌고, 학생들은 "학교에서 친구들과 함께 하면 좋겠다."고 반응했으며, 학부모들은 "자녀의 강점을 발견할 수 있어 매우 유익했다."고 평가했다. 프

로그램을 체험한 교사들은 "무료 프로그램임에도 불구하고 내용이 매우 유익하다."며 "청소년들의 자존감과 리더십 회복에 꼭 필요한 프로그램"이라고 입을 모았다.

"바인그룹은 꾸준한 청소년 대상 사회공헌 활동을 통해, 100년 기업을 지향하는 마음가짐이 미래 세대와 함께 한다는 것을 증명해가고 있습니다. 우리 회사 구성원들만을 위한 백년이 아니라 우리 사회 모두와 함께 걷는 상생의 백년입니다."

김 회장은 자신도 어려운 시절을 겪었고, 오직 의지와 끈기를 바탕으로 맨손으로 개척한 인생이기 때문에 젊은 세대에게 들려줄 메시지가 많다.

"어려운 경제 현실에서 취업이나 결혼, 미래를 위한 자기개발 등 인생의 여러 단계에서 의지를 잃어가는 젊은이들에게 세 가지 조언을 들려주고 싶습니다. 무엇보다도 먼저 자신의 정체성을 깨닫고 잠재력에 대

해 확신을 가졌으면 좋겠습니다. 스스로 생각하는 것보다 '나'라는 존재는 크고 대단합니다. 어떤 목표를 세우더라도 해낼 수 있다는 자신감을 스스로 가져야 합니다. 두 번째는 경험을 많이 하라는 것입니다. 다양한 경험을 통해 자신감이 생기고 목표를 가질 수 있게 되죠. 젊은 시절에는 모든 처음이라 서툴고 힘들더라도 도전해 보세요. 일단 직접 경험해보아야만 자신의 것으로 만들 수 있기 때문이죠. 세 번째는 인생의 진로를 신중하게 정하라는 것입니다. 자신이 좋아하는 일을 하는 것도 중요하지만, 자신이 잘할 수 있는 일을 해야 한다는 말입니다. 잘하는 일 중에서도 미래가 밝은 일, 가능성이 풍부한 일을 찾는 안목이 있어야겠죠. 그게 설령 현재는 미약한 일이라 하더라도 내 미래가 밝다는 확신을 가지고 꾸준히 도전한다면 그 결실은 대단할 것이라 믿습니다."

김 회장이 전하는 메시지는 평범하지만 진심이 담긴 격려다. 멋있는 이상과 장밋빛 미래에 대한 판타지가 없어도 듣는 사람들에게 충분히 힘이 날 수 있는 응원이자 안타까움이 묻어나는 정답이다. 교육기업에서 출발한 바인그룹의 리더가 내 어깨를 두드리는 실루엣이 떠오른다.

"'제1회 한국CEO경영대상'에 선정되어 매우 영광스럽고 감사하다는 인사를 드립니다. 이 상은 바인그룹의 지속 가능한 성장을 위한 혁신과 노력을 인정받은 결과라고 생각합니다. 바인그룹은 창립 이래 '사람의 성장'을 경영의 핵심 가치로 삼아왔으며, 인재경영과 혁신경영을 통해 구성원들이 창의성과 잠재력을 발휘할 수 있는 환경을 제공해왔습니다. 앞으로도 더욱 경쟁력 있는 기업으로 자리 잡기 위해 고객중심의 서비스와 인재 양성을 강화해 나갈 것입니다."

100년 기업을 지향하는 회사의 CEO 김영철 회장, 수상 소감을 겸한 그의 다짐이 믿음직스럽다.

> **김영철 대표는…**
>
> 바인그룹 대표이사 회장, 동화세상에듀코 대표, 한국스포츠문화재단 이사장, 세계생활체육연맹 총회 조직위원장, 강원도 고향사랑기부제 홍보대사, 인간개발연구원 인간경영대상 수상

K-메디컬의 새 지평을 여는 건강검진 선구자

한국CEO경영대상
국가 보건·의료 부문

문관식 한국의료재단 대표

'위대한 기업은 하루아침에 만들어지지 않는다. 마치 바퀴를 돌리듯 한결같은 노력이 혁신을 만든다.' 경영학자 짐 콜린스의 통찰처럼, 진정한 혁신은 끊임없는 도전과 인내의 결실이다. 때로는 거센 역풍을, 때로는 폭풍우를 마주하지만 더 높은 비상을 위한 과정일 뿐이다. 문관식 한국의료재단 대표가 걸어온 혁신의 여정 역시 이러한 진리를 증명한다. 35년간 예방의학이라는 한 길을 걸으며 대한민국 의료 서비스의 새 지평을 연 선구자로 평가받고 있는 문 대표. '나눔'이라는 의료 서비스의 본질적 가치를 새기며 혁신의 발자취를 차곡차곡 걸어온 그가 K-메디컬 세계화의 새로운 이정표를 제시하고 나섰다. 건강검진 플랫폼 '메디컬렉션'은 한국의료재단의 비전을 펼쳐가는 새로운 나래가 되고 있다.

한국의료재단 여의도 검진센터 로비에 들어서자 가장 먼저 눈에 들어오는 것은 한 마리 나비를 닮은 로고. 세상을 바꾸는 작은 날갯짓을 담은 로고가, 마치 시처럼 공간에 깃들어 있다. 나비의 섬세한 날갯짓이 태평양을 건너 폭풍우로 깨어난다는 나비효과처럼, 한국의료재단에서 시작된 작은 혁신의 씨앗이 의료산업 전체를 뒤흔드는 거대한 변화의 물결로 피어난다.

한국의료재단의 심볼인 하늘을 향해 날아오르는 나비는 바로 이런 혁신의 의지를 담는다. 때로는 거센 역풍에 흔들리고, 때로는 검은 폭풍우에 젖어도, 결국 더 높이 비상하기 위한 과정일 뿐이다. 한국의료재단은 도전이라는 날개를 펼쳐 K-메디컬의 새로운 새벽을 수놓는다. 그 중심에는 35년간 예방 의학의 한 길을 걸어온 문관식 대표가 있다.

'제1회 한국CEO경영대상 국가·보건 의료 대상'을 수상한 문 대표는 800여 개 검진기관이 경쟁하는 치열한 시장에서 재방문율 75%, 조기 위암 진단율 99%를 기록하며 의료계에 새 이정표를 세웠다. 또한 건강정보 시스템을 개발하여 질병에 따른 의료정보를 제공하고 검사 결과에 따른 해당 분과 전문의에 의한 진료 상담과 치료, 대형병원과 체계적인 연계 프로세스를 구축하여 환자가 신속하게 입원하고 수술을 진행할 수 있는

시스템을 완비했다. 최근에는 100개 우수 의료기관을 아우르는 '메디컬렉션' 플랫폼을 출범해 K-메디컬의 새 지평을 열어가고 있다.

"의료의 본질은 나눔입니다. 제가 가진 모든 것은 하나님께서 잠시 맡겨주신 것입니다."

의료 서비스의 본질적 가치를 새기며 혁신의 발자취를 차곡차곡 걸어온 문 대표. 그가 그려나갈 K-메디컬은 이제 더 넓은 세상을 향해 비상을 준비하고 있다.

평소 '인내는 연단을, 연단은 소망을 이룬다'는 신념으로 기업을 이끌어 온 문 대표는 경영 현장에서 마주치는 '한계'를 새로운 '소망'의 관점으로 바라본다. 이러한 그의 철학은 대한민국 의료 서비스의 혁신적 변화를 이끌어온 핵심 동력이 되었다. 35년간 예방의학이라는 한 길을 걸어오며 의료 서비스의 혁신가로 자리매김한 그는 최근 출범한 건강검진 플랫폼 '메디컬렉션'을 통해 K-메디컬의 세계화라는 새로운 비전을 실현해가고 있기도 하다.

"실패하지 않는 것은 앞으로 나아가지 않는다는 것이고, 헛디디지 않는다는 것은 걷지 않는다는 것이다."

이는 단순한 비유가 아닌, 역경을 견디며 가치를 창출한다는 그의 경영 철학이자 삶의 태도를 함축한다. 문 대표가 말하는 '불굴'은 실패를 두려워하며 안주하는 것이 아닌, 패배하지 않을 것이라는 확신이 담긴 끊임없는 전진의 여정이다.

혁신을 향한 끝없는 도전

"의료의 본질은 생명을 지키는 것이지만, 그 실천 방법은 끊임없이 진화합니다."

1980년대 후반 예방의학이라는 새로운 패러다임이 태동하던 시기에 문 대표는 이 미개척 분야에 첫발을 내디뎠다. 당시만 해도 생소했던 종합검진이라는 영역에서 그는 의료의 미래를 직관적으로 포착한 것이다. 2012년 한국의료재단 설립은 그의 의료 철학이 결실을 맺는 순간이자 의료경영학 박사로서의 학문적 깊이와 현장의 실전 경험이 만나 만들어 낸 조화로운 산물이다. 대학에서 경영혁신을 강의하며 후학을 양성하는 그의 행보 역시 의료 발전에 대한 '사명감'의 자연스러운 발현이다.

특히 주목할 만한 것은 한국의료재단의 차별화 전략이다. 연간 6조 원 규모, 800여 개의 검진기관이 경쟁하는 치열한 시장에서 그가 선택한 것은 '본질로의 회귀'였다. RFID 시스템을 통한 차트 없는 검진 시스템 구축은 기술 혁신의 한 예에 불과하다. 더 중요한 것은 진단의 정확성을 높이기 위한 이들의 세심한 노력이다. 대장 검사에 30분 이상을 할애하고, 영상의학 분야에서 다수 전문의의 교차 판독을 시행하는 것은 생명을 다루는 의료기관으로서의 책임감을 보여준다.

97~99%에 달하는 조기 위암 진단율도 한국의료재단의 경쟁력이다. 여기에 여성 검진자들을 위해 유방검사팀을 전원 여성 전문의로 구성한 진심 어린 배려는 의료 서비스가 단순한 진단을 넘어 환자의 심리적 안정까지 고려해야 한다는 그의 통찰을 반영한다.

이처럼 한국의료재단이 추구하는 '고품격 의료 서비스'는 단순한 슬로건이 아닌 의료의 본질에 충실하면서도, 시대의 변화를 예민하게 포착하는 균형 잡힌 시각의 결과물이다. 문관식 대표가 걸어온 35년의 여정이, 오늘날 한국 의료계에 던지는 메시지가 바로 이것이다.

의료 플랫폼의 새로운 기준, 메디컬렉션

최근 의료 패러다임이 치료에서 예방으로 전환되면서, 한국의 건강 검진 시장은 이미 6조 원 규모를 넘어섰다. 800여 검진 기관이 경쟁하는 레드오션 시장에서 소비자들의 기대치는 나날이 높아지고 있지만 선택의 폭이 넓어질수록 소비자들은 오히려 올바른 선택이 더욱 어려

워지는 아이러니한 상황에 직면해 있다. 특히 기존 건강검진 플랫폼들이 단순히 수백 개의 의료기관을 나열하며 의료 서비스의 본질적 가치를 희석시키는 현실 속에서, 한국의료재단의 '메디컬렉션'은 의료 서비스의 패러다임을 근본적으로 전환하고 있다.

가장 주목할 만한 특징은 '선별과 집중'이다. 철저한 품질 관리를 통해 엄선된 100개의 의료기관만을 협력기관으로 선정함으로써, 양적 성장이 아닌 질적 성장을 실현하고 있다. 이는 단순한 숫자의 차이가 아닌 의료 서비스에 대한 철학의 차이를 보여준다. 의료기관에 대한 정보가 부족한 일반 건강검진 고객과 기업, 단체의 건강검진을 대행하며 해외 환자와 에이전시들이 국내 대형병원을 간편하게 효율적으로 이용할 수 있도록 하는 멀티사이드(multi-sided) 플랫폼의 역할을 톡톡히 해내고 있는 것이다.

한국의료재단의 혁신 전략은 세부 기능에서도 빛을 발한다. AI 기반의 맞춤형 검진 항목 추천 시스템은 개인의 특성을 정교하게 분석해 성

별, 연령은 물론 증상, 병력, 가족력까지 고려하여 최적화된 검진 프로그램을 제시한다. 이밖에도 여성 전문의가 진료하는 특성화된 검진 프로그램, 실시간 의료영상 정보 제공 등 세심한 서비스는 의료의 본질적 가치를 한층 높이고 있다.

이들의 글로벌 확장성도 주목할 만하다. 2019년 한 해 50만 명의 해외 실제 환자수와 100만 명 이상의 연간 환자수가 입증한 K-메디컬의 경쟁력을 한층 더 강화하는 데 일조하고 있다. 국가별 에이전시와의 전략적 제휴, 진료 기록과 영상 데이터의 통합 플랫폼 구축, 원스톱 케어 시스템 도입은 K-메디컬의 글로벌 위상을 한 단계 높이는 동력이 되고 있다.

한국의료재단의 건강검진 플랫폼이 가진 잠재력은 무궁무진하다. 이미 단순한 검진 예약 시스템을 넘어 종합 의료 서비스 플랫폼으로 진화하고 있다. 특히 검진 결과의 누적 관리, 의료 영상의 실시간 공유, 해외 환자 원스톱 서비스 등은 의료 서비스의 새로운 세계를 열고 있다는 평가다. 이들이 보여주는 혁신은 단순한 디지털 전환이 아니다. 의료 서비스의 본질적 가치를 재정립하는 동시에, 미래 의료의 새로운 표준을 제시하는 도전의 영역이다. 의료 서비스의 패러다임을 바꾸는 이 혁신적 플랫폼이 그려낼 미래가 앞으로 더욱 더 기대되는 이유다.

한국의료재단의 혁신 로드맵

혁신은 현재의 한계를 넘어서려는 부단한 도전에서 시작되는 법. 한국의료재단이 그리는 미래 의료 서비스의 청사진은 단계적이면서도 과감하다. 우선 단기적 관점에서 메디컬렉션은 '의료 서비스의 민주화'를 추구한다. B2C 시장의 일반 고객부터 대기업, 금융사 등 B2B 영역까지 아우르는 '통합 건강관리 플랫폼'으로서, 100만 명이라는 구체적 목표를 설정했다. 여기에 미국, 중국, 러시아를 잇는 글로벌 의료관광 네트워크 구축은 K-메디컬의 새로운 지평을 여는 교두보가 될 것으로 보인다.

한국의료재단의 혁신성은 장기적 비전에서 더욱 빛을 발한다. 빅데이터와 AI 기술을 접목한 영상판독 시스템 개발은 의료 진단의 정확성을 한 단계 높이고 있다. MRI, CT, X-레이 등 의료영상 분야에서 AI가 의료진의 판독을 보조함으로써, 진단의 정확도는 높아지고 의료진의 업무 효율성은 획기적으로 향상시키는 효과를 현실화했다.

이미 개발을 완료한 '종합검진 결과 판정 보조 자동시스템'도 주목할 만하다. 이는 단순한 기술 혁신을 넘어, 의료 서비스의 표준화와 고도화를 동시에 추구하는 혁신적 시도다. 문 대표는 이러한 시스템을 일반 검진기관으로 확산시키려는 원대한 계획을 갖고 있다. 의료 서비스의 질적 향상을 위한 그의 진심을 엿볼 수 있는 대목이다.

더불어 의약품 개발 투자로의 확장은 한국의료재단이 그리는 큰 그림이다. 진단부터 치료, 예방부터 사후관리를 아우르는 통합 의료 서비스 플랫폼으로의 진화는 의료 서비스의 새로운 패러다임을 제시하고 있다. 이처럼 한국의료재단의 비전은 단순한 사업 확장을 넘어선다. 의료 서비스의 본질적 가치를 높이면서도, 기술 혁신을 통해 의료의 미래를 선도하려는 균형 잡힌 도전이다. 디지털 혁신과 의료의 본질이 조화를 이루는 새로운 의료 서비스의 미래, 바로 문 대표가 그리는 의료 서비스의 청사진이다.

K-메디컬 우수성 증명한 메디컬렉션의 도전

한국의료재단을 이끌어 온 지난 여정을 돌이켜 보면 문 대표에게 위기는 곧 새로운 도약의 기회로 작용했다. 한국의료재단은 팬데믹이라는 전대미문의 위기 속에서 K-메디컬의 우수성을 글로벌 시장에 입증하는 전환점을 마련했다. 한국 의료가 혁신의 새 장을 여는 이 시기에, 메디컬렉션은 그 변곡점을 정확히 포착하여 도약의 발판을 마련한 것이다.

우선 메디컬렉션은 단순한 중개 서비스를 넘어선다. 각종 암 치료부터 양성자·중성자 치료, 종합검진까지, K-메디컬의 핵심 경쟁력을 전 방위적으로 연결한다. 특히 주목할 만한 것은 글로벌 네트워크의 섬세한 설계다. 단순히 환자를 유치하는 것이 아닌, 현지 의료기관과의 전략적 협약을 통해 의료 서비스의 연속성을 확보했다.

LA 현지 데스크 설치는 이러한 전략의 구체적 실현이다. 80만 재미교포를 위한 시차 제한 없는 의료 서비스는 글로벌 헬스케어의 새로운 표준을 제시하고 있다는 평가다. 여기에 입출국 지원부터 숙박, 진료 수속까지 아우르는 원스톱 서비스, 의무기록의 실시간 번역과 통역 서비스는 의료관광의 진입장벽을 획기적으로 낮췄다. 이는 단순한 서비스 혁신이 아니다. 메디컬렉션은 '단발성 방문'에서 '지속적 케어'로 전환하며 의료관광의 패러다임을 바꾸고 있다. 한국의료재단의 이러한 혁신적 접근은 해외 환자들을 위한 대표적 소통 채널로서 메디컬렉션의 위상을 공고히 할 것으로 보인다. K-메디컬의 세계화는 이제부터 시작이라고 문 대표는 강조한다. 그 도전의 여정에서 메디컬렉션은 한국 의료의 세계화를 이끄는 견고한 가교이자 새로운 지평을 여는 초석이 될 것으로 기대를 모으고 있다.

4차 산업혁명 시대를 선도하다

올해로 국내 고령 인구 일천 만 명의 시대. 한국의료재단은 첨단 기술로 초고령화 시대의 새로운 해법을 제시하고자 도전장을 내밀었다. 특히 주목할 만한 것은 치매 조기 진단 분야의 혁신적 행보다. 전 세계 의료계가 주목하는 'Resting State Functional MRI 연구'를 선제적으로 도입하고, 미국 의과대학이 개발한 알츠하이머 초기 진단 기술을 접목한 과감한 도전을 감행했다. 100만 명에 달하는 국내 치매 환자들의 존엄한 노후를 위한 한국의료재단의 도전은 의료의 본질적 가치를 다시 한번 일깨운다.

한국의료재단이 가져 올 의료 혁신은 여기서 그치지 않는다. 이미 건강검진과 국제진료 분야에서 새로운 표준을 제시하고 있다는 평가를 받고 있다. 기업 임직원들을 위한 맞춤형 건강검진 서비스는 해마다 성장하는 고객층이 그 가치를 입증한다. 또, 눈길을 끄는 것은 글로벌 진료 플랫폼의 혁신성. 한국의료재단은 코로나 이전 100만 명에 달했던 외국인 환자들을 위해, 에이전시를 거치지 않고도 직접 국내 대형병원을 이용할 수 있는 원스톱 서비스를 구축했다. 이는 K-메디컬의 세계화를 앞당기는 획기적인 전환점이 되고 있다. 이처럼 한국의료재단이 그리는 미래 의료의 비전은 명확하다. 첨단 기술로 인류의 숙제를 해결하고, 디지털 혁신으로 의료 서비스의 접근성을 높이는 것. 이것이 바로 4차 산업혁명 시대를 선도하는 K-메디컬의 미래다.

불굴의 도전 정신이 만드는 의료 혁신의 미학

문 대표에게 의료는 단순한 서비스 산업이 아니다. 한 치의 오차도 허용되지 않는 생명의 영역이기에, 그의 책임감은 더욱 무겁고 엄중하다.

"생명을 다루는 의료기관이기에 진단에는 실수가 허락될 수 없습니다. 즉 오진율은 '0'이어야 합니다. 우리가 늘 연구하고 혁신해야 하는 이유입니다."

완벽을 추구하는 의료 현장에서 혁신은 실패를 두려워하지 않는 용기에서 기반한다. 147번의 실패 끝에 전기를 발명한 에디슨, 805번의 도전 끝에 하늘을 날아오른 라이트 형제의 이야기는 단순한 역사적 일화가 아니다. 그것은 혁신의 본질을 꿰뚫는 통찰이다. 문 대표가 '147·805 법칙'이라 명명한 이 도전 정신은, 에베레스트 중턱에 앉은 뱅이 나무처럼 역경 속에서 더욱 빛을 발한다. 거친 비바람 속에서도 생명력을 잃지 않는 이 나무가 세계 최고의 악기를 만드는 재료가 되

듯, 끊임없는 도전과 실패의 과정은 더 큰 가치를 창출하는 밑거름이 된다. 특히 CSV(Creating Shared Value) 전략에 대한 그의 해석이 인상적이다. 그는 수익 창출 후의 사회공헌이라는 전통적 CSR을 넘어, 기업 활동 자체가 사회적 가치와 경제적 가치를 동시에 창출하는 새로운 관점을 제시한다. 이는 문 대표의 의료 서비스의 본질적 가치를 높이면서도, 지속가능한 성장을 추구하는 균형 잡힌 경영 철학을 보여준다.

격변하는 의료 환경, 혁신으로 미래를 선도하다

미래학자 앨빈 토플러는 일찍이 시간, 공간, 지식이라는 세 가지 축이 부의 창출을 좌우할 것이라 예견했다. 더불어 그는 제도적 지체 현상, 즉 기술 발전 속도를 법과 제도가 따라가지 못하는 현상을 경고했다. 오늘날 한국 의료계가 마주한 현실이 바로 이것이다.

원격진료를 둘러싼 첨예한 갈등은 이러한 시대적 과제를 상징적으로 보여준다. 다양한 이해관계자들의 충돌 속에서, 의료 정책과 법제도는 4차 산업혁명이 가져온 변화의 속도를 따라잡지 못하고 있다. 이러한 간극을 메우는 것이 한국의료재단이 그리는 첫 번째 미래 전략이다.

그러나 제도적 혁신만으로는 부족하다. 한국의료재단은 '가치 혁신'이라는 두 번째 전략을 통해 미래 의료의 새로운 지평을 열어간다. 경영자원의 효율적 배분과 독점적 경쟁 우위 확보는 이미 가시적 성과를 보여주고 있다. 여의도 IFC 종합검진센터의 성공을 기반으로, 수도권 내 추가 검진센터 설립과 프라임병원의 전문화는 이러한 전략의 구체적 실현이다.

특히 MVA(More Value Added) 전략은 단순한 고객 만족을 넘어, 고객의 잠재적 요구까지 발굴하고 해결하며 의료 서비스의 새로운 모델이 되고 있다. 이는 단순한 성장 전략이 아닌, 의료 서비스의 본질적 가치를 높이는 혁신적 접근이다.

와른보건소

나눔의 철학으로 실천하는 생명존중의 가치

"내가 가진 모든 것들은 하나님께서 잠시 맡겨주신 것입니다."

문 대표의 이 겸허한 고백은 한국의료재단의 사회공헌 철학을 관통하는 핵심 가치다. 문 대표의 신념은 단순한 선언에 그치지 않고, 구체적인 실천으로 이어지고 있다. 지난 해에는 캄보디아에서도 의료환경이 특히 열악한 시엠립주 와른 지역의 산모들이 임신과 출산 과정에서 겪는 위험을 줄이고자, 보건소 내 산부인과 병동 건축에 기여했다. 필리핀 두마게티(Dumaguete)에서 펼치는 의료선교는 국경을 넘어선 생명 존중의 실천이다. 의료 서비스의 사각지대에 놓인 이들에게 건강한 삶의 희망을 전하는 이 활동은, 의료의 본질적 가치를 다시 한번 일깨운다.

한국의료재단은 국내에서의 나눔 활동도 활발하게 진행 중이다. 요양원과 소외 계층을 위한 쌀 기증, 독립운동 유공자 단체 후원 등의 사회공헌 활동은 그가 우리 사회의 그늘진 곳을 섬세하게 살피는 진정성

있는 경영자임을 보여준다. 특히 코로나19 팬데믹 상황에서 '희망친구 기아대책'을 통해 해외 빈곤 지역에 마스크와 후원금을 전달한 것은, 글로벌 위기 속 연대의 중요성을 일깨웠다. 또, '(사)생명을 나누는 사람'들과 함께하는 장기기증 활성화 사업도 전개 했다. 시각 장애인들을 위한 각막이식 수술비 후원은 단순한 금전적 지원을 넘어, 새로운 삶의 빛을 선물하는 생명나눔의 좋은 예다. 이러한 다양한 사회공헌 활동은 문 대표의 경영 철학을 보여주기에 충분하다. 이는 리더의 의료 서비스의 본질이 결국 '생명의 존엄성 실현'에 있다는 깊은 통찰이며, 더 나은 세상을 향한 끊임없는 실천의 여정이다.

인내에서 성공으로, AQ의 철학을 말하다

"인내는 연단을, 연단은 소망을 이룬다." 이 깊은 통찰은 단순한 좌우명을 넘어, 한 기업가의 삶의 철학이자 성공의 나침반이 되었다. 문 대표의 경영 철학에는 이러한 인내와 도전의 지혜가 깊이 배어 있다. 특히 그는 'AQ(Adversity Quotient)' 철학을 강조한다. 이는 폴 스톨츠가 제시한 개념으로 단순한 학술적 용어가 아닌 역경을 마주했을 때 좌절하지 않고 목표를 향해 나아가는 능력, 바로 이 역경지수야 말로 진정한 성공의 열쇠라는 것이다.

그러나 여기서 말하는 '불굴'은 맹목적인 도전이나 무모한 집착과는 다르다. 실패에 대한 두려움에 붙잡혀 있는 소극적 상태가 아닌, 성공에 대한 확신을 가지고 전진하는 적극적 자세다.

"바라보는 것들이 반드시 실현될 것"이라는 절대적 확신, 이것이 바로 진정한 불굴의 정신이다. 이러한 철학은 단순한 문 대표 개인의 성공 방정식을 넘어선다. 조직의 혁신을 이끄는 원동력이자, 새로운 가치를 창출하는 근본적인 모멘텀이 된다.

작은 나비의 날갯짓이 태평양의 폭풍우를 일으키듯 한국의료재단의 혁신은 이제 글로벌 의료산업의 새로운 돌풍을 일으키고 있다. 디지털 혁신으로 의료의 경계를 넓히고, 따뜻한 나눔으로 생명의 가치를 실현하며, AI 기반 진단체계로 미래 의료를 선도하는 한국의료재단의 도전은 글로벌 헬스케어의 새 역사로 기록될 것이다.

문관식 대표는...

한국의료재단 대표이사, 경희대학교 글로벌미래교육원 겸임교수, 한국의료재단(KOMEF) IFC 종합검진센터 설립, 메디컬렉션(건강검진 플랫폼) 개발 주도

길이 없는 곳에
길을 내는 CEO

 한국CEO경영대상
동반과 성장 부문

백현 롯데관광개발 대표이사

길이 아닌 곳에 길이 없다며 돌아서는 사람이 있는가 하면, 길이 아닌 곳에도 길은 있다고 믿는 사람이 있다. 길이 아닌 곳에도 길은 있다고 믿는 사람은 결국 그곳에 길을 만들고 사람들을 끌어들인다. 길이 아닌 곳에도 길이 있다고 믿는 사람, 길이 없는 곳에 길을 만든 사람, 그가 롯데관광개발 백현 대표이사이다. 백현 대표이사는 DNA에 도전정신이 새겨져 있다고 믿을 만큼 새로운 분야를 개척하고 이를 성공적으로 이끌어왔다. 관광업계에서 누구도 생각지 못하던 시절에 전세기를 도입하고, 크루즈의 미래성을 내다보고 국내에서 크루즈 관광을 선도적으로 추진하는 등 새로운 관광의 패러다임을 야심차게 펼쳐보이고 있다.

여행객들이 믿고 찾는 '롯데관광개발'이라는 브랜드 파워

약 240년 전, 2개월 동안 이탈리아를 여행하고 난 뒤 〈이탈리아 기행〉을 쓴 대문호 괴테는 "사람이 여행하는 것은 도착하기 위해서가 아니라 여행하기 위해서다."라는 말을 남겼다. 괴테는 〈파우스트〉, 〈젊은 베르테르의 슬픔〉 등 아름다운 문학 작품을 저술하기도 했지만, 문학과 철학은 물론이고 자연과학, 미학 등에도 관심이 많았고 박학다식하여 관련 저서를 남기기도 했다. 괴테가 이러한 학술적인 업적을 달성할 수 있었던 데에는 여행이 한몫했다고 볼 수 있다. 괴테뿐만 아니라 여행이 주는 수혜를 입은 인물들을 역사에서 찾는 것은 어렵지 않다. 여행이 개인에게 미치는 영향력이 그만큼 크기 때문이다.

요즘은 여행이 특별한 이벤트가 아닌 일종의 라이프스타일로 자리 잡았다. 특히 주5일 근무제가 정착되고, 일과 삶의 병행이 보편화되면서 여행 수요가 폭발적으로 늘어났다. 국내 여행은 물론이고 해외여행을 떠나는 이들도 해마다 늘고 있다. 한국관광공사 통계에 따르면 2023년 내국인 출국자 수는 2,271만5,841명이었다. 코로나19 이전인 2019년의 2,871만4,247명 대비 79.1%에 그쳤으나 적지 않은 사람들이 '도착하기 위해서가 아니라 여행하기 위해서', 여행지에서 삶이 주는 긴장감을 내려놓고 보고, 듣고, 즐기고, 만나기 위해 떠나고 있다.

그만큼 여행에 대한 욕구도 다양해졌다. 단지 이국적인 풍경을 즐기거나 새로운 문화를 접하는 것에서 그치는 것이 아니라, 자기개발과 성장을 위한 기회를 만든다거나 평소의 관심사와 라이프스타일을 반영한 여행을 하려는 욕구, 다른 사람과는 차별된 여행을 즐기려는 경향이 많아지고 있다. 여행 인구의 증가와 다양한 방식으로 여행을 즐기려는 인구가 많아진 만큼 여행사 간의 경쟁도 치열해졌다. 전문성과 맞춤형 패키지는 기본이고, 가격 경쟁, 차별화된 콘텐츠, 트렌드에 맞는 상품 개발 등으로 고객을 유입하기 위한 노력을 기울이고 있다. 백현 대표가 이끄는 롯데관광개발도 마찬가지다. 여느 여행사와 마찬가지로 고객의 선택 폭을 넓히기 위해 꾸준히 여행 상품을 개발하고 있고, 국내는 물론이고 해외 네트워크를 통해 밀도감 있고 품격 있는 서비스를 제공하고 있다. 특히 크루즈 여행의 불모지였던 우리나라에서 크루즈 여행을 선도적으로 도입해 고급여행을 추구하는 고객들에게 만족스런 서비스를 제공하는 등 여행 분야에서 '롯데관광개발'이라는 브랜드 파워를 확인시키고 있다.

도전 없이는 가능성도 없다

백현 대표는 2024년 3월에 열린 롯데관광개발 정기주주총회에서 사내이사로 재선임됐다. 2015년에 대표이사 사장으로 처음 선임된 후 세 번째로 연임된 것이며, 이러한 연임은 전문경영인인 백현 대표가 달성한 높은 성과에 대한 신임이기도 하다. 롯데관광개발은 2023년 기준 매출액 3135억 원을 달성했는데 이는 전년 대비 70.7%가 증가한 것이었다.

백현 대표가 수장으로 있는 롯데관광개발은 1971년에 설립되었다. 그때만 해도 우리나라는 여행 산업이 체계적으로 자리 잡지 않았고, 롯데관광개발도 관광개발과 국내외 여행알선업을 중심으로 한 여행기업이었다. 이후 개발사업과 면세점, 교육, 문화 등 사업 영역을 확장하여 우리나라를 대표하는 관광레저기업으로 성장하였다.

백현 대표가 롯데관광개발과 인연을 맺은 것은 1999년이었다. 롯데관광개발에 입사하기 전 그는 경영학과를 졸업하고 종합무역회사에 취직했었고, 과장까지 지내다가 호주로 유학을 떠났다. 그런 후 한국으로 복귀하면서 무역 회사가 아닌 여행을 전문으로 하는 기업을 선택했다. 해외영업본부장 영업이사로의 영입 제안을 수락한 것인데 의외의 선택에 그를 아는 주변인들 모두 고개를 갸웃했다.

"경영학을 포함해 경상대를 졸업하면 무역 분야에 종사하는 걸 당연하게 여기던 시절이었어요. 그래서 저도 처음엔 무역회사에 입사했죠. 동료 상사맨들이 가지고 있는, 무역을 통해 국가 성장에 이바지한다는 자긍심이 저에게도 있었고요. 하지만 무역이 아닌 다른 분야에서도 국가를 위해 할 수 있는 일이 있지 않을까 싶었습니다. 그리고 그게 되도록 남들이 하지 않은 일이면 좋겠다 싶었죠. 주어진 일, 뻔히 보이는 길을 가는 건 성취감이 덜 하잖습니까."

백현 대표는 아직은 우리나라의 관광산업이 본격적으로 발달하기 전인 1990년대에 호주에서 유학 생활을 하며 관광산업의 가능성을 보았다. 개인 혹은 가족 단위로 자유롭게 여행을 떠나는 호주인들, 호주로 여행을 오는 세계 각국 사람들을 보면서 우리나라도 머지않아 일부 계층이 아닌 누구나 여행을 즐기는 시절이 올 것이라는 생각이 들었다. 마침 우리나라도 1989년에 해외여행이 완전 자유화되어 관광 시장 규모가 커지고 있었고, 경제 성장과 더불어 여가 생활과 삶의 질을 중요시하는 쪽으로 국민의 마인드가 바뀌는 것을 접하며 여행업에 뛰어들게 됐다.

백현 대표에게 여행업은 새로운 분야였지만 오히려 그게 장점이 됐다. 만약 그 분야에 오랫동안 종사했더라면 관성적으로 진행했을 일들을 과감하게 추진할 수 있어서였다. 호주 유학 시절에 체득한 넓은 시야, 타 분야에서 진입한 새로운 인물의 객관적인 판단, 가능성을 현실로 만들려는 도전정신, 경영학에서 익힌 투자에 대한 감각까지, 그는 자신의 장점을 유감없이 발휘했다. 특히 백현 대표는 그때까지 우리나라 여행객들의 발길이 닿지 않는 루트를 새롭게 발굴했으며, 남들과 다른 방식으로 관광상품을 개발하였다. 그중 대표적인 것이 전세기 도입이었다.

사고의 전환이 가져온 비약적 성과

백현 대표가 롯데관광개발에서 영업본부장으로 영입되었던 1999년은 우리나라가 IMF 위기 상황을 맞았던 시절이었다. 1997년 아시아 전역에서 발생한 금융위기 여파로 우리나라에서도 외환위기가 발생한 것이다. 이로 인해 대기업들이 줄도산했고, 한국에 투자했던 외국인들이 급격하게 빠져나갔으며, 국민들은 금모으기운동을 벌이고, 다양한 방식으로 절약운동을 전개했다. 그러한 노력에도 기업의 도산으로 실업자가 늘고, 가족이 해체되거나 거리에는 노숙자가 늘어났다. 다행히 정부와 기업, 국민의 노력으로 2001년에 IMF에 빚진 돈을 모두 갚고 외환위기에서 벗어날 수 있었다. 그러면서 움츠러들었던 해외여행에 대한 수요가 차츰 늘기 시작했다.

"IMF 금융위기를 거치면서 우리 회사도 여러모로 어려웠습니다. 그 상황에서 무엇보다 중요한 것은 직원들의 사기를 진작시키는 것이었습니다. 매일 조회 시간에 마이크를 잡고 직원들을 독려했죠. 그리고 난관을 헤쳐 나갈 방법이 있을 거다, 남들이 생각하지 않는 방식으로 상품을 개발하자며 아이디어를 모았습니다. 그러다가 제가 전세기를 띄우자고 했습니다."

지금이야 전세기를 띄우는 것이 여행업계에서 보편화되어 있지만 그때 당시만 해도 어느 회사에서도 시도하지 않은 일이었다. 또한 지금은 주 5일 근무가 정착됐고 직장인들이 자유롭게 연차를 내는 등 근무 형태가 다양해서 여행 성수기와 비수기 구분이 덜하지만 2000년대 초에는 성수기와 비수기가 확실히 구분되던 시기였다. 비수기에는 비교적 쉽게 항공권을 확보할 수 있었지만, 성수기에는 비행기 좌석이 절대적으로 부족했다. 해외여행을 가려는 소비자들에게 그만큼 선택의 폭이 좁았다. 그래서 백현 대표는 과감하게 전세기를 빌리기로 했다. 그리고 첫 목적지는 뉴질랜드로 정했다. 그때는 한국에서 뉴질랜드로 가는 직항편이 드물었고 해외여행 수요가 늘기 시작한 때라서 모객에 대한 자신감이 있어서였다.

"사실 모 아니면 도라는 마음이 없지 않아 있었습니다. 그만큼 절박하기도 했고, 직판 시장에서 승부를 걸겠다는 포부를 가지고 도전했습니다. 아마도 여행업계에서도 우리 회사의 도전을 주의 깊게 지켜봤을 거예요."

백현 대표가 의욕적으로 추진한 것과 달리 초반에는 상황이 호락호락하지 않았다. 철회해야 하나 고민도 됐지만, 매일 아침 직원들과 머리를 맞대고 대책회의를 거듭했다. 고객들의 흥미를 끌만 한 여행 일정

과 이벤트, 모객을 위한 홍보 방법 등 다양한 아이디어가 나왔고 그중 현실성 있는 것들을 하나씩 추진하다 보니 300석을 모두 채울 수 있었다. 그렇게 해서 뉴질랜드를 오가는 300석 규모의 비행기 일곱 대를 전세기로 운행하게 됐다. 이러한 공격적인 여행지 발굴로 이후 홋카이도와 장가계, 오클랜드, 치앙마이, 치토세, 멜버른, 메만베츠, 란저우, 암만, 산티아고 등 많은 도시를 인기 관광지로 만들었다. 이중 중국 장가계는 백현 대표에게 무엇보다 더 특별하다. 장가계 패키지 관광을 롯데관광개발이 처음 시도했기 때문이다. 중국 무안을 거쳐 장가계로 가는 전세기 노선을 롯데관광개발이 여행사 중 처음으로 발굴해 상품화한 것이다. 그러는 한편, 여름에는 북해도, 겨울에는 뉴질랜드를 오가는 전세기를 정기적으로 운항했고, 그러면서 전세기를 활용한 여행 상품이 안정적으로 자리 잡게 됐다.

"전세기는 알려지지 않는 관광지를 발굴해서 상품화하는 것이 주목적입니다. 새로운 곳을 개척하겠다는 도전정신이 있어야 가능한 일이

죠. 이처럼 새로운 관광 루트를 개척하고 인기 있는 관광상품을 꾸준히 개발할 수 있었던 것은 고객을 만족시키기 위한 고민의 결과라고 볼 수 있습니다."

고객의 욕구를 충족시키고 회사의 어려운 상황을 타개하기 위해 과감하게 시도했던 전세기 사업은, 여러 노선에서 성공을 거두며 안착하게 됐고, 이를 계기로 백현 대표는 업계에서 '전세기의 황태자'라는 별명을 얻게 됐다.

낭만과 문화를 싣고 항해하는 크루즈

백현 대표는 여행 상품을 만들어서 판매하는 여행사의 대표이기도 하지만 그 스스로도 여행을 즐기는 여행자이기도 하다. 한 번은 여행자로 그리스 섬 중 하나인 산토리니에 간 적이 있다. 여행자로 갔지만 거기서도 직업의식은 어쩔 수 없었다. 산토리니를 찾은 수많은 관광객이 눈에 들어온 것이었다.

"우리나라 울릉도 정도 되는 작은 크기의 섬인데 사람들이 엄청나더군요. 궁금해서 알아보니까 대부분 크루즈 관광객이라고 해요. 인구가 고작 13,000여 명인데 연간 관광객이 2,500만 명에 달한다는 사실을 알고는 우리도 크루즈 관광을 시작해야겠다고 생각했습니다."

백현 대표가 크루즈에 대해 관심갖고 적극적으로 추진한 이유는 롯데관광개발이 아웃바운드(내국인의 외국 여행)와 인바운드(외국인의 국내 여행)를 동시에 다루고 있고, 그 회사의 중추적인 역할을 하는 사람으로서의 책임감 때문이었다. 호주 유학을 마치고 돌아와 롯데관광개발에 합류하면서 관광업을 통해 국가 발전에 도움이 되고 싶다고 마음먹었던 것을 늘 숙제처럼 안고 있었던 그였다. 그래서 크루즈 사업으로 그 숙제를 해결할 수도 있겠다는 생각이 들었다.

"크루즈를 운항하면 외국 관광객이 늘어날 거고 그러면 크루즈가 입항하는 지역의 경제가 활성화될 수 있거든요. 그래서 크루즈 사업을 적극적으로 추진하게 됐습니다."

크루즈 사업을 추진했지만, 우리나라에는 대형 크루즈 선을 정박시킬 수 있는 인프라가 갖춰져 있지 않았다. 크루즈 사업에 관한 한 황무지였던 셈이다. 하나하나 해결하는 수밖에 없었다. 크루즈를 정박시킬 항구를 찾고, 관계 기관으로부터 허가를 맡는 일 등 크루즈 사업의 정착을 위해 새롭게 만들어가야 하는 일이 많았다. 그러던 와중 한번은 대형 크루즈 선이 인천에 있는 규모가 작은 부두에 입항하다가 방파제가 깨지고 선체가 파손되는 사건도 있었다.

"그것뿐만 아닙니다. 크루즈 사업을 시작하면서 우여곡절도 많았습니다. 그래도 모든 임직원이 힘을 합쳐 문제를 해결한 결과 패키지를 위한 크루즈 전세선을 세계 최초로 운항할 수 있었습니다. 크루즈를 통한 인바운드 비중을 높이는 좋은 결과를 만들었다고 자부합니다."

롯데관광개발은 2010년 국내 최초로 크루즈 전세선을 운항하기 시

작해 2024년에는 인천항, 부산항, 속초항, 대산항을 모항으로 운항하고 있다.

크루즈 불모지에서 크루즈 관광산업의 기반을 다지기까지 많은 일이 있었고 성과도 있었지만 가장 대표적인 사례를 꼽자면 속초항을 모항으로 하는 크루즈 항로를 개발한 것을 들 수 있다. 평창 동계올림픽이 개최되기 직전인 2017년 속초항에 국제크루즈터미널이 완공되었는데, 속초항은 동계올림픽에 따른 교통인프라가 강원도에 마련됨으로써 그 효과를 톡톡히 누릴 수 있게 됐다. KTX 노선과 연결이 가능해지고, 여객터미널의 시설도 확장되고, 양양공항과 연계할 수 있어서 속초항으로의 내국인 접근성이 좋아졌기 때문이다. 그러한 지리적 장점을 살려 속초항에서 꾸준히 크루즈 선을 운항해 오고 있으며 백현 대표는 강원도의 관광산업 발전에 이바지한 공로를 인정받아 강원도 명예도민이 되기도 했다.

"크루즈 사업은 여행사에게 상품을 판매한다는 의미도 있지만, 외국인 관광객을 국내로 유입시킬 수 있어서 국가적으로도 의미가 있습니다. 배를 타고 온 외국인들의 일정이 국내 관광으로 이어지기 때문에 항구 근처 지역 경제 활성화는 물론이고 국내 관광산업도 발전할 수 있게 됩니다. 또 항구를 세계에 알리는 효과도 있습니다. 예를 들어 대형 크루즈 선이 속초항에서 출항하게 되면서 세계 유수의 선사들이 속초항이 크루즈 선을 입출항하기에 안전하다고 인식하는 계기가 됐죠."

크루즈 사업에서 큰 성과를 거둔 백현 대표는 한국관광공사 크루즈관광 자문위원, 제주특별자치도 크루즈산업 진흥특구위원, 강원도 크루즈 발전협의회 위원 등 크루즈와 연관된 직함도 여러개 가지게 됐다.

위기에서 빛나는 경영자의 철학

기업이 지속 가능한 성장을 할 수 있으려면 무엇보다 경영자의 철학과 태도가 중요하다. 경영자의 경영 철학과 태도는 기업이 순항할 때도 엿볼 수 있지만, 위기 상황에서 더 도드라져 보인다. 그리고 그러한 위기를 어떻게 대처하느냐에 따라 기업의 존폐가 갈리기도 한다. 백현 대표가 수장이 된 후 롯데관광개발은 성장세를 거듭해 왔으나 위기의 시기도 있었다. 백현 대표는 위기의 순간으로 가장 먼저 2011년에 발생한 동일본대지진을 꼽곤 한다.

롯데관광개발은 2010년에 국내 최초로 크루즈 전세선을 운항하기 시작했는데 그 이듬해인 2011년에 동일본대지진이 발생했다. 부산에서 출발해 북해도로 가는 크루즈를 모객하던 중이었다. 대지진은 쓰나미와 원전사고로 이어졌고 그로 인해 일본으로 배를 보낼 수 없게 되었다. 하지만 롯데관광개발이 계약한 크루즈 전세선은 이미 출발지를 떠나 부산을 향해 오고 있었다. 취소가 불가한 상황이었다. 결국 상해와 인천, 제주만 반복 운항하는 등 방법을 찾아 손해를 최소화했다. 3년 뒤 세월호 침몰 사고가 일어났을 때는 상황이 더 심각했다. 온 국민이 충격과 슬픔에 잠겼고 짧지 않은 시간 동안 전국적으로 추모 분위기가 이어졌다. 크루즈 예약이 줄줄이 취소되고 추가 모집을 할 수 있는 여건도 아니었다.

"회의에 회의를 거듭했어요. 손해를 줄이기 위해서는 크루즈 운항을 취소해야 한다는 내부 목소리도 있었고, 결정이 쉽지 않았습니다. 하지만 고민을 길게 할 수 없었어요. 경영자가 빨리 결단해야 추진하든 수습하든 일이 진행되니까요. 결국 예정대로 운항하자고 했어요. 롯데관광을 믿고 여행할 날을 기다린 고객들의 신뢰를 저버릴 수 없었거든요."

운항을 강행한 결과로 수십억 원의 손해가 발생했지만, 백현 대표는 고객과의 약속을 지켰다는 것에 의의를 두었다. 그리고 그것으로 인해 고객들의 만족과 롯데관광개발이라는 회사에 대한 고객의 믿음이 커졌을 것이라고 평가했다. 리스크를 감수하고서라도 고객을 우선시하

겠다는 통 큰 결단은, 롯데관광개발의 지속 성장을 염두에 둔 백현 대표의 경영 태도를 보여준 사례라고 할 수 있을 것이다.

롯데관광개발 백현 대표는 기업의 대표이사이기에 무엇보다 기업의 성장을 가장 큰 우선순위에 두고 있다. 하지만 그것과 함께 상생도 염두에 두고 있다. 기업만의 오롯한 성장이 아니라 국가 브랜드가 커지고 지역 경제가 활성화될 수 있기를 바라고 있고 실제로도 기업을 경영하면서 국가와 지방 경제에 기여하고 있다. 그중 하나가 제주드림타워복합리조트다. 제주시 도심에 부지면적 23,330㎡, 연면적 303,737㎡ 규모로 지어진 제주드림타워복합리조트는 제주를 찾는 관광객들이 즐겨 찾는 필수 관광코스가 되었고, 2024년에는 4,400억 원대 매출을 돌파하기도 하였다.

"모객 인원을 늘려서 수익을 내는 것에 목표를 두지 않습니다. 높은 수준의 서비스를 통해 고객들에게 만족스러운 경험을 제공하고, 또한 저희 기업 활동이 지역 경제에 이바지할 수 있기를 바라고 있습니다. 크루즈 사업을 통해 외국 관광객을 국내에 유입했던 것처럼 제주드림타워복합리조트가 제주에서 그런 역할을 해주길 바라고 있습니다."

백현 대표는 1999년 롯데관광개발에 영입된 후 26년 동안 한길만 걸어왔다. 관광산업의 발전 가능성을 믿고 현장에서 발로 뛰었고 그래서 성과 또한 컸기에 그 길을 걸어올 수 있었다. 또한 관광산업을 발전시키고자 애쓴 공로를 인정받아 '2018 KSA(한국표준협회)' 베스트 CEO상을 받았고, '2019 인물 대한민국 대상' 창조경영 대상, '2020 문화체육관광부 관광의 날 기념식' 동탑산업훈장 등을 받았다.

백현 대표는 여전히 산업으로서의 관광업의 발전 가능성을 믿고 있다. 그래서 사회 변화에 따라 여행자들이 원하고 추구하는 여행 방식 또한 달라지는 만큼 시대의 흐름을 놓치지 않으려고 하고, 여행을 통해 개인과 사회가 새로운 가치를 창출할 수 있도록, 롯데관광개발만이 할 수 있는 여행 패러다임을 구축하는 데 힘쓰고 있다.

백현 대표는…

2007년 NH여행(롯데관광개발-농협 합작) 초대 대표이사, 2008년 롯데관광개발 부사장, 2015년 롯데관광개발 여행사업부 대표이사, 관광학 박사, 전 경희대학교 관광대학원 관광경영학과 겸임교수, 전 한국공항공사 자문위원, 코레일 관광개발(코레일.롯데관광 합작회사) 비상임이사, 대한·서울상공회의소 관광사업위원회 위원, (사)한국크루즈포럼 부회장, 동탑산업훈장 수여(관광진흥유공정부포상), 제주특별자치도 명예도민.

같은 곳을 바라보는 동반자
함께 성장하는 수평적 리더십

한국CEO경영대상
뉴 제너레이션 부문

신지혜 픽스다인무브먼트 대표

스타트업이 각광받는 시대, ICT로 대변되는 산업의 대전환 이후 서서히 다듬어 성장한 기업을 홀대하는 세태에 전문가들은 우려의 시선을 던진다. 단숨에 스포트라이트를 받는 것만이 미덕인 트렌드는 산업구조의 건전성을 해치는 요인이기 때문이다. 느닷없는 스타 기업의 등장, 데뷔전에서 홈런을 친 스타 CEO는 실제 현실에서 극히 드문 사례에 속한다. 희소가치를 좇는 미디어의 속성을 감안하면, 정부나 지자체가 다투어 육성하겠다는 유니콘 기업이 얼마나 도달하기 힘든 판타지 속 모델인지 알 수 있다. 빈번하게 빚어지는 일상은 이미 뉴스 밸류가 아니다. 지난 2024년 10월25일 [월간CEO&]이 제정한 '2004 CEO의 날' 행사에서 [뉴 제너레이션 대상]을 수상한 신지혜 픽스다인무브먼트 대표는 날 선 변화와 초경쟁이 난무하는 ICT 분야 중심에서 오히려 '늦춰 받는 바둑 고수'의 면모를 드러낸다.

90년대를 풍미했던 신산(神算) 이창호 9단. 케이블 채널 tvN 인기 드라마 [응답하라 1988]에서 박보검이 연기한 '천재 기사 최택 9단'의 실제 모델이었던 그는, 변방에 불과했던 한국 바둑을 세계 최강으로 끌어올린 주인공이다. 스승인 조훈현 9단에 이어 세계 대회에서 숱한 우승을 일궈 지금도 바둑 팬들에게 전설로 기억되는 이창호는, 바둑 기사 최초로 병역 면제 혜택을 받은 인물이다. 자칫 짧을 수 있었던 그의 전성기를 안타까워한 모든 이들의 염원으로 헌정됐다는 게 더 정확한 표현일지 모른다. '제비'라는 별명처럼 종횡무진 바둑판을 휘젓던 스승과 달리, 이창호는 뛰어난 계산력을 바탕으로 '딱 반집'을 이기던 기사였다. 지금은 찾아보기 힘든 TV 생중계에서 꾹 다문 입 모양의 '돌부처 이창호'는, 패배를 직감한 상대가 필사적으로 걸어오는 공격을 늦춰 받는 기풍으로 뒷문까지 걸어 잠갔다. 그야말로 철옹성이 따로 없었다. 이창호가 세계 바둑을 지배한 10년의 원동력은 '늦춰 받는 한 수'에서 나왔다.

한 박자 빠르게 반 호흡 느리게

신지혜 픽스다인무브먼트 대표는 하루가 다르게 변화하는 ICT 분야의 트렌드를 꿰뚫는 안목의 소유자다. 끊임없는 커뮤니케이션이 일상의 반복인 그에게 전문가로서의 안목은 자연스럽게 형성되는 자산이다. 풍작을 거두는 농부의 땅에는 그만의 비법이 숨겨져 있다. 겨우내 마르고 얼었던 땅이 훈풍을 만나 녹자마자 듬뿍 준 거름이거나, 혹은 한해를 묵혀 기름지게 만든 참을성이거나, 아니면 물어물어 구하고 덮은 객토(客土)의 흔적이라도 담겨 있다. 알차게 준비한 대지에 촉촉한 봄비가 적셔지면 뿌려진 씨앗은 힘을 얻고, 움트는 새싹, 영그는 꽃망울, 날개를 펼친 잎새 크기마저 남다르다. 90년대 학번이지만 아직 시니어로 불리기에는 젊은 열정, 여전히 야심만만한 신 대표도 만만치 않은 업력이 축적된 자산에서 통찰력이 뿜어져 나온다.

"고객과의 미팅, 내부 구성원들과의 회의, 컨벤션이나 컨퍼런스, 전문가 모임을 통한 교류, 다양한 미디어를 통한 정보 습득 등 일과 자체가 소통입니다. 제가 이끄는 픽스다인무브먼트의 업무 영역 특징이 소통에 근거를 두고 있기도 하지만, 저희 업계는 잠시라도 소통을 멈추면 세상에서 소외되어 버리는 비극이 벌어집니다."

자고 나면 '신문물'이 쏟아져 나오는 판이니 그럴 법하다. 더구나 픽스다인무브먼트는 고객들에게 자신이 수집한 '신문물'을 소개하고 전략을 제안하는 컨설턴트가 아닌가. 그런데 신 대표는 적어도 외형적으로는 평온하다. '온갖 바쁜 척 혼자 다 한다'는 지청구를 수시로 듣는 ICT 업계 CEO답지 않게 호들갑 떨지 않고 조근조근한 화법을 장착했다. 효과를 극대화시키기 위해 먼저 위기를 고조시키는 밑자락을 깔고, 느닷없이 반전의 충격을 꺼내는 흔한 클리셰(cliché)없이, 진지한 대화로 설득하는 스타일이다.

"당연히 트렌드에 대한 감각과 안목은 한발 앞서가야죠. 하지만 소통에서는 반 호흡 늦추는 여유가 필요합니다. 상대의 니즈를 정확히 파악하기 위해 무엇보다 중요한 포인트입니다."

무릎을 칠 수밖에 없는 통찰력, '반집 승'의 대명사 신산 이창호도 두 손 들게 만들 비장의 한 수다. 반 호흡 혹은 반 박자 늦추는 신 대표의 스타일은 그의 이력 여기저기에도 짙게 배어 있다. 대학을 졸업하고 삼성SDS에 입사해 승승장구하던 '대기업 엘리트' 신지혜의 커리어는 순탄한 편이었다.

"공직자 출신인 아버지, 전업주부였던 어머니 슬하의 보수적이고 평범한 집안 분위기에서 자랐어요. 조용히 자신감을 북돋워주는 것 말고는 특별히 바라시는 게 없었죠."

대기업에 취직한 신 대표와 연구원·교수 직업을 가진 여동생, 두 자매는 그저 묵묵히 공부 잘하고 자기 일 척척 해내는 대견한 자식이었을 것이다.

학창 시절 남보다 호기심이 좀 더 많고 성취감을 느끼는 것 같았지만, 조직을 이끄는 사람이 되리라고는 기대하지 않았다. 신 대표가 변한 계기는 삼성에 재직하던 시절 찾아왔다.

"삼성SDS에서 설립한 디자인스톰이라는 자회사에서 일하게 됐습니다. 큰 조직에서 일하다가 인원이 적어지니 제법 굵직한 프로젝트도 책임을 맡아 여러 번 진행하게 됐습니다. 잘 된 적도 그렇지 않은 적도 있었지만, 인원과 예산, 기획, 진행 등 다양한 업무 영역에서 능동적으로 세팅을 하고 성과를 내는 일에 재미가 있더군요. 특히 내부 구성원들과 외부 고객들을 설득하는 데 자신감이 붙었습니다. 멀티미디어 콘텐츠를 완성해가는 일이 즐겁기도 했죠."

인재도 콘텐츠도 프리미엄, 픽스다인M

크리에이티브한 온라인 콘텐츠에서 적성을 찾은 신 대표는 자신의 역량을 마음껏 펼쳐가기 시작했다.

"스스로도 제가 이토록 도전적인 스타일인지 잘 몰랐어요. 온종일 일에 파묻혀 사는 날이 거듭됐고, 스물아홉 살에 부장이라는 타이틀이 주어지더군요."

이른 나이에 주목을 받아 주위로부터 질시와 견제도 받으며 스트레스도 제법 겪었다. 여성으로서 리더 역할을 하다 보니 은근한 기싸움도 빚어졌다. 하지만 그 모두가 '성장통'이라고 생각하며 긍정적으로 이겨낸 신 대표, 시간이 지날수록 하나둘 우군이 늘어나기 시작했다. 리더로서 인정받는 시기가 찾아온 것이다. 디자인스톰에서 픽스다인이라는 회사가 분할 독립하면서 신 대표는 더 바빠졌다. 직원들 얼굴 보기가 무섭게 출근길에서 떠올렸던 아이디어를 쏟아내며 회의로 하루

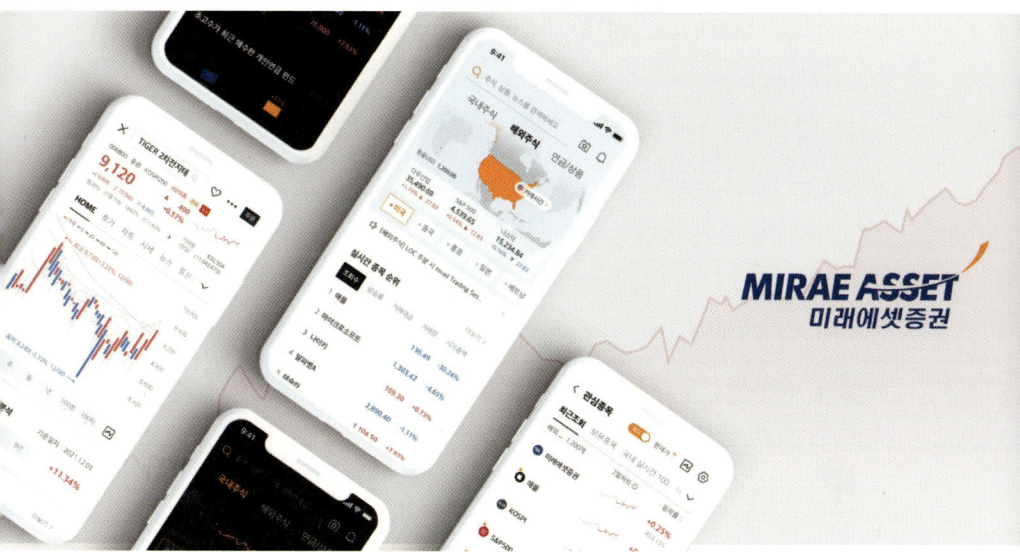

미래에셋증권 MTS App 화면.

를 시작했고, 고객에게 더 좋은 제안을 하기 위해 구슬땀을 흘렸다.

픽스다인 시절에 CEO 제안도 받았지만, 신 대표는 한 수 늦춰 받는 것으로 더 큰 미래를 준비하며 차근차근 CEO가 될 준비를 해나갔다. 결국 2007년 픽스다인에서 픽스다인무브먼트로 분할 독립을 하며 최적의 디지털 서비스를 표방하는 회사의 CEO로서 업계에 이름 석 자를 각인시켰다. 삼성, LG, SK, CJ, 현대자동차, 한화 등 국내 유수의 대기업과 스타트업은 물론, 한국 코카콜라, 마블, 시세이도, 립톤, BMW MINI 등 글로벌 기업의 파트너사로 다양한 프로젝트를 직접 진행해 온 경험이 빛을 발한 것이다.

"직원들의 격려와 전폭적인 지지가 무엇보다 큰 힘이 됐습니다. 항상 회사의 먹거리를 고민하는 제게 가장 큰 성장동력은 직원들과 비전과 목표를 공유한다는 믿음입니다. 우리 회사의 첫 번째 무브먼트인 셈입니다."

픽스다인무브먼트는 기획자와 디자이너, 퍼블리싱과 개발자 등 다양한 직군의 전문가들이 협업을 통해 최적의 결과물을 만들어내는 회사다. 성장하는 기업의 필요조건은 구성원간의 조화와 균형, 그리고 폭발하는 시너지 효과다. 신 대표 역시 픽스다인무브먼트를 이러한 긍정 요소가 넘치는 회사로 만들기 위해 다양한 아이디어를 짜내기 바쁘다.

"중소 규모의 디지털 온라인 기업에서는 양질의 인재 확보가 가장 시급한 현안 과제입니다. 이미 온라인 강자로 자리잡은 대기업이나 스톡옵션을 앞세운 스타트업에서 우수한 인재를 싹 쓸어가는 국면에서 직원들이 오래 근무하고 싶은 기업을 만들어야 승산이 있습니다."

실제로 ICT 업계의 경우 사람은 많지만 쓸만한 인재는 드문 '新인재난'을 겪고 있는 게 현실이다. 인건비도 많이 올라서 회사의 부담도 적지 않다. 신 대표는 그래서 CEO가 직원들에게 매력을 제시해야 한다고 강조한다.

"성장 욕구를 자극하는 것이 저만의 방식입니다. 다양한 프로젝트를 함께 진행하면서 실전에서 성장할 수 있도록 내부 소통을 강화하고 있습니다. 저희 직원들 자랑을 좀 하자면 막힘이 없습니다. 자신감과 프라이드로 똘똘 뭉쳐 있죠."

신 대표가 성장한 과정처럼 다양한 프로젝트의 최일선에서 마음껏 역량을 키울 수 있도록 도전적으로 이끌고 든든하게 뒷받침하는 것이다.

"예전처럼 회사가 직원을 골라뽑던 시대는 지나갔습니다. 이제는 직원들이 자신의 미래를 위해 회사의 매력을 평가하는 시기죠. 오래 근무할 수 있는 회사로 어필하기 위해서 CEO가 최선을 다해 노력하는 수밖에 없습니다."

더 새롭게, 창의적으로 소통하라

신 대표의 두 번째 무브먼트는 고객의 니즈를 정확하게, 그리고 완벽하게 캐치하는 커뮤니케이션 스킬, 나아가 고객의 최대 만족을 위한 창의성이다.

"저희 업계는 무엇보다 고객과의 소통이 중요합니다. 첫 만남에서부터 지속적인 협업, 프로젝트의 완성에 이르는 모든 과정에서 고객에게 새롭고 창의적인 파트너라는 인식을 심어줘야 합니다."

픽스다인무브먼트가 내노라하는 브랜드들과 오랫동안 협업의 인연을 맺은 바탕에는 끈끈한 파트너십이 자리잡고 있다.

"끈끈한 파트너십은 단지 업무의 빈도수만 많다고 저절로 주어지지 않습니다. 매번 새로운 콘텐츠, 창의적인 전략, 신속한 트렌드의 반영으로 고객들에게 감동을 줘야 살아남을 수 있는 게 디지털 온라인 업계입니다."

픽스다인무브먼트는 디지털 서비스의 모든 것을 제공하는 에이전시다. 디지털 전략기획, UI·UX 기획, 디자인 제작 및 플랫폼 서비스 운영과 광고마케팅까지 디지털 시대에 필요한 모든 서비스를 원스톱으로 제공하고 있다. 올해 픽스다인무브먼트는 삼성SDS와 대형프로젝트를 진행하고 있다. 이번 프로젝트는 오랜 기간 진행한 만큼 내년에 좀 더 가시적인 성과가 나타날 것으로 예상된다. 또한 최근에는 섭외가 어려운 소통 강사로 잘 알려진 김창옥 교수(김창옥아카데미 대표)를 초빙한 대형 강연회를 진행해 고객사와 참석자들의 큰 호응을 얻기도 했다. 다년간 다양한 대형프로젝트를 구축한 경험을 바탕으로 더욱 전문적이고 세분화된 UI·UX 역량증대와 AI를 통한 시장변화에 발맞춰 통찰력이 깃든 컨설팅 능력을 갖추는 것이 목표다. 이를 위해 UI·UX 컨설턴트 양성과 전략기획실의 운영 등 시대적 변화를 예리하게 분석·통찰하고, 그 흐름에 발맞춰 전략적으로 대응하기 위해 전방위적인 노력을 지속적으로 전개하고 있다. 디지털 경험에만 국한하지 않고, 오프라인 마케팅과 체험 요소를 유기적으로 결합해 고객의 서비스 만족도를 한층

더 강화하고 있기도 하다.

"모든 산업의 전 영역에서 기업의 디지털 전환은 생존을 위한 필수 과제입니다. 하지만 하루가 다르게 발전하는 기술, 수시로 바뀌는 트렌드, 미래에 대한 불확실성 등 대부분의 기업이 디지털 전환을 위한 과정에서 효율적으로 대응하지 못하고 있죠."

수요가 있는 곳에 고객이 있고, 든든한 파트너는 '감동'이라는 무기로 고객의 마음을 파고든다. 신 대표가 이끄는 픽스다인무브먼트는 늘 새롭게 변화하는 순발력으로 파트너 기업들의 만족을 이끌어내고 있다. 창의성에서 앞서나가는 기업에게 신뢰라는 보답이 되돌아온다.

신지혜 대표는 또 디지털 전환의 중심에 기술이 아닌 사람이 있음을 강조하며, 디지털 온라인에서도 휴머니즘을 구현해낸다.

"디지털 환경에서 사람들이 원하는 것을 읽어낼 때 진정한 디지털 전환의 의미가 실현됩니다. 인간미와 체온을 느낄 수 있는 디지털이야말로 우리가 추구하는 목표에 가깝습니다."

노력은 배신하지 않는다

신지혜 대표는 '제1회 한국CEO경영대상' 수상식에서 '뉴제너레이션 대상'을 수상한 것에 대해 그동안 한결같았던 노력이 보상받은 기분이라고 소감을 전한다.

"이렇게 뜻깊은 상을 받게 되어 진심으로 감사드립니다. 픽스다인무브먼트 멤버들과 함께하며 열심히 노력한 결과를 인정받는 것 같아서 매우 기쁘고 감회가 새롭습니다. 때로는 어려움과 기쁨이 있었지만 멤버들과 함께 했기에 그 모든 것이 의미가 있었습니다. 픽스다인무브먼트 임직원에게 이 모든 영광을 돌립니다. 앞으로도 초심을 잃지 않고, 더 좋은 회사, 더 멋진 결과를 위해 노력하는 CEO가 될 수 있도록 최선을 다하겠습니다."

신 대표가 말하는 노력은 과거의 산물이 아니다. 일직선으로 쭉 뻗어오는 직구, 물리적 법칙의 한계를 뛰어넘어 속도를 잃지 않는 항상성이 신 대표가 역설하는 노력이다.

각종 어워드를 휩쓸었던 전적이 이를 증명한다. 'ICT 어워드 코리아 2022', '스마트앱어워드 코리아 2022' 등에서 수상의 영예를 안겨준 미래에셋증권 모바일 트레이딩 시스템(이하 미래에셋 MTS)의 경우가 대표적이다.

"첫 미팅 당시 기존 미래에셋 MTS의 아쉬운 점을 실제 사용자의 입장에서 면밀히 살핀 후 담당자를 만났습니다. 단순한 시스템 리뉴얼의 시각이 아니라 디지털 시대의 최신 금융 트렌드와 그 안에서 미래에셋이 가져야 할 포지셔닝, 글로벌 시장에 대한 전망을 언급하며 미래에셋 MTS가 나아갈 방향을 제시했죠. 끊임없는 소통과 연구를 통해 프로젝트를 성공적으로 마무리할 수 있었습니다.

확실하게, 독보적으로, 압도적인 결과를 가져오는 것이 픽스다인무브먼트의 정체성이다. 신 대표를 비롯한 구성원들의 열정과 노력은 고객에게 신뢰의 인상을 심어주기에 충분했다.

"픽스다인무브먼트는 디지털 환경 속 기업의 아이덴티티를 구축하고 크리에이티브한 콘텐츠를 만드는 디지털 커뮤니케이션 전문 기업입니다. 고도화된 디지털 시대인 오늘날은 개인이 모바일과 디지털 매체를 통해 일상 전반에 걸친 다양한 경험을 하고 있습니다. 개인이 사용하고 있는 애플리케이션, 서비스, 플랫폼을 보다 사용자 친화적으로 최적화하는 것이 주요 업무죠. 사용자가 빠르고 정확하게 정보를 사용하도록 하는 UI·UX(사용자 경험) 기획과 콘텐츠 제작에서 강점이 있습니다."

신 대표는 자신이 진행했던 모든 프로젝트에 대해서 애정이 남다르다. 그중에서도 10년 넘게 진행했던 코카콜라 디지털 프로젝트는 앞으로도 잊을 수 없는 기억이다.

"십수 년 전에 이미 인터넷과 모바일 플랫폼을 만들었고 지금은 대중에게 익숙해진 서바이벌 프로그램도 진행했습니다. 모든 것을 디지털 기반으로 진행했죠. 제2의 신화창조를 표방하며 코크플레이 인터넷 플랫폼에 후보자들이 영상과 콘텐츠를 올리고, 사용자가 문자 투표와 댓글을 올리는 방식이었습니다. 처음 시도해 보는 방식이었기 때문에 예상을 넘는 접속으로 서버가 다운되는 등 시행착오도 많이 겪었지만 그만큼 기억에 남습니다."

온라인 쇼핑몰 업계의 한 획을 그은 쇼핑몰 11번가 구축도 그가 애착을 보인 프로젝트였다. 초기 론칭 당시 차별화된 전략으로 도심을 모체로 한 3D 쇼핑센터를 기획해 업계 안팎의 이슈를 몰고 왔다. 또 삼성화재 고객을 위한 로열티 마케팅, 영상기기 전문 업체인 세기몰 리뉴얼, 우리카드 UI·UX 컨설팅 등 픽스다인무브먼트가 보여준 족적은 놀랍기만 하다.

이 정도면 됐다? 이 정도 갖고는 안돼!

신지혜 대표는 만족을 모르는 욕심쟁이 CEO다. 적당한 선에서 만족하는 것이 늘 못마땅하기 때문에 그와 함께 일하는 스탭들은 때로 숨이 가쁘다.

"우리 회사의 경쟁력은 전문성을 가진 커뮤니케이션입니다. 고객의 요구사항을 파악하는 것이 중요하다는 사실은 누구나 알고 있지만, 실제 현장에서 핵심 요구사항을 파악하는 것은 매우 어렵습니다. 고객의 행간을 읽어내야 진정으로 소통한다고 자신있게 말할 수 있습니다."

대개 고객의 구체적인 요구가 있을 때, 요구사항만 해내면 된다고 생각하기 쉽지만 신 대표는 여기서 그치지 않는다. 어떻게 그 요구사항이 나오게 된 건지, 전체적인 맥락을 이해한 상태에서 좀 더 나은 방향에 대한 제시가 가능해질 때까지 멈추지 않는 추진력으로 달린다. "진정한 전문가라면 적당한 타협과 과감하게 결별해야 합니다. 고객에게 만족을 줘야 하는 숙명을 지니고 있지만 정작 스스로는 만족하지 않아야 발전이 있습니다. 저희는 고객의 표면적인 요구사항뿐만 아니라 해당 프로젝트의 진정한 목적, 기업이 추구하는 방향성과 철학 등 프로젝트를 둘러싼 거대한 맥락을 이해하고자 노력합니다."

신 대표가 이처럼 늘 갈증을 추구하는 이유는 '워커 홀릭'이라서가 아니라, 고객을 확보하는 전략이자 인생의 긍정적인 마인드이기 때문이다. 자신에게 스스로 엄격해야 다른 이들이 믿을 수 있는 존재가 될 수 있다고 신 대표는 믿는다.

"다시 찾는 회사가 되는 길은 노력을 보여주는 것입니다. 힘들게 고생만 하는 궁상이 아니라, 노력의 결과물로 멋진 선물을 하는 산타클로스라면 누구나 믿을 수 있지 않을까요?"

그래서 고객이 "이 정도면 괜찮다"고 말해도, 더 좋은 방안이 보인다면 기획을 뒤집거나 새로운 방향을 제시하기도 하는 사람이 신지혜 대표다. 결과를 떠나서 과정을 진정성 있게 함께 고민하고 있다는 사실을 느낄 때, 고객도 파트너로 인정하기 때문이다. 오랜 고객, 즉 단골이 많다는 평가는 비즈니스를 하는 사람들에게 최고의 훈장이다. 신 대표도 '단골' 기업이 무엇보다 소중한 자산이다. 그들로부터 소개받은 고객이 늘어나는 것은 또 다른 기쁨이다.

일등 회사보다 남다른 회사, 오래가는 회사

"일은 개인의 행복을 위한 하나의 수단일 뿐, 회사 생활을 하며 개인이 함께 성장하고 행복해야 한다고 생각합니다. 월급쟁이 사원에서 출발해 어느덧 대표가 되었지만 여전히 휴일이 기다려지고 월요일 출근이 버겁기는 저도 마찬가지입니다."

어느덧 커리어의 전성기를 보내고 있는 신 대표지만, 직장 생활의 애환을 절실하게 느끼는 CEO다. 역지사지의 발상, 그래서 더욱 직원이 출근하고 싶은 회사를 만들고 싶은 것이 신 대표의 욕심이다.

"게임의 예를 들자면 회사의 구성원들은 서로 각자의 역할로 롤플레잉을 하는 셈입니다. CEO는 CEO의 역할이 있고, 팀장, 매니저 등 중간관리자, 팀원 등 모든 직분의 역할에서 최선을 다하는 것이 이상적인 회사의 모습이죠. 파티원들이 각자 역할에 충실해야 아이템도 얻고 경

신지혜 픽스다인무브먼트 대표

힘치도 증가해 레벨이 높아지는 것처럼, 회사가 성장하려면 직분에 따른 역할이 중요합니다."

신 대표는 그래서 개인적으로 성장의 노력을 격려할 뿐, 과도한 출력을 요구하지 않는다. 각자의 범위를 지키며 조화를 추구하되, 때로 누군가 폭주하는 열정을 보일 때는 말리지 않고 다만 위험하게 과속하거나 차선을 넘나들지 않도록 신호등과 안내자 역할도 떠맡는다.

"업무를 벗어나면 모두 평행선상에서 자유롭게 소통할 수 있어야 합니다. 밖에서 만나면 다들 친구도 될 수 있고 선후배도 될 수 있는 사이니까요. 회사가 바람직한 방향으로 가고 있다고 뿌듯함을 느낀 사례가 하나 있었죠. 한 직원의 부모님이 갑자기 편찮은 상황이 생겨 개인의 일을 먼저 해결하도록 장려하고 긴급 업무는 재택 근무로 진행하도록 했는데요, 사원들이 합심해서 유동적으로 업무를 처리해 준 덕분에 업무에 공백이 생기지 않더라고요. 해당 직원 역시 더 책임감을 가지고 일하게 됐고요."

구성원들끼리 서로 아껴주는 회사 분위기가 신 대표는 못 견디게 좋다. 따뜻함과 배려를 잃지 않는 휴머니즘이야말로 픽스다인무브먼트가 추구하는 진정한 디지털이 아닌가.

"소통의 가장 궁극적인 단계는 깊은 공감입니다. 교류를 통해서 오고 가는 것이 단지 업무적인 요청과 회신뿐이라면 저는 회사를 잘못 이끄는 CEO라고 생각합니다. 내부 구성원이든 외부 고객이든 일을 통해서, 소통을 통해서, 교류를 거듭하면서 진정한 파트너가 되어야 에너지를 소비한 보람이 있지 않을까요?"

신지혜 대표의 애독서는 의외로 인류의 고대 철학의 정수에서 찾을 수 있다. 초기 불교경전 [숫타니파타]를 읽으며 인문학의 가치를 발견했다는 신지혜 대표, 심오한 종교철학과 첨단 과학기술의 조화를 꿈꾸는 것일까.

신지혜 대표는...

현 픽스다인무브먼트 대표이사, 전 삼성SDS 전임연구원, 현대정보기술 연구원으로 IT 1세대, UX·UI 및 IMC 전문가, 동덕여대 미디어디자인학과 겸임교수 역임.

휴머니즘 인공지능

한국CEO경영대상
신기술 혁신 부문

유태준 마음에이아이 대표

AI는 인간의 진정한 동반자가 될 수 있을까? AI가 지금처럼 우리 삶의 중심에 자리하기 전, 많은 사람에게 'AI'라는 단어를 각인시킨 작품이 있다. 바로 스티븐 스필버그의 영화 〈AI: Artificial Intelligence〉(2001)이다. 이 영화는 인간처럼 사랑받고 싶어 하는 로봇 소년 데이빗을 통해 기술과 인간의 경계가 흐릿해진 세계를 그려냈다. 데이빗은 도구가 아닌 감정을 가진 존재가 되고 싶어 한다. 이는 기술이 인간사에 어떤 가치를 더할 수 있는가 하는 질문을 낳았고, 그 질문은 유태준 대표의 여정과도 맞닿아 있다. 인간과 AI는 어떤 관계를 맺을 수 있을 것이며 기술은 어떤 유의미한 변화를 가져올 수 있을까? 20년간 안정된 회계사의 길을 걸어온 그는 가진 것을 모두 걸고 자신만의 길을 개척했다. 기술만이 아닌 '마음'을 담은 AI를 만들겠다는 유 대표의 철학은 당시 인공지능 업계에서는 보기 드문 접근이었다. 그가 꿈꾸는 AI는 그저 데이터를 처리하고 명령을 수행하는 기계가 아니다. 삶의 어려움을 해결하고 더 나은 세상을 함께 만들어가는 인간의 참된 동반자다.

사무실에서 쌓인 데이터, 그곳에서 시작된 AI의 꿈

왜 사람이 이런 일을 반복해야 할까? 삼일회계법인의 컨설턴트로 일하던 유태준 대표가 매일 같이 품었던 의문이다. 20년간 회계사로 일하며 대기업들의 ERP(전사적 자원 관리) 시스템을 구축하고 방대한 데이터를 다루던 그의 눈에 모종의 가능성이 보였다. '이 데이터를 분석하면 숫자 이상의 뭔가를 찾을 수 있지 않을까?' 그는 삼일회계법인의 컨설팅본부 창립 멤버로서 기업 내 생산, 물류, 재무, 회계 등 모든 업무 프로세스를 자동화하는 프로젝트를 이끌고 있었다.

"수십억 건의 데이터가 체계적으로 쌓이는 모습을 보면서 깨달았어요. 빅데이터는 단순한 유행어가 아니라 미래의 열쇠다! 데이터를 모으면 그 안에 담긴 의미를 찾아낼 수 있습니다. 그렇게 찾은 진의로 문제를 해결하고 새로운 가치를 창출한다면 세상은 더 나아질 것입니다."

그러던 중, 유 대표는 더 큰 도전을 결심하게 된다. 안정적인 직장과 탄탄한 경력을 뒤로하고 그가 꿈꾼 것은 다름 아닌 AI였다. 2014년 1월, 그는 한 대기업과 함께 빅데이터 분석 도구를 개발하기 위해 '마인즈랩'을 설립했다. 그러나 얼마 안 가 회사는 문 닫을 위기에 처하고 만다. 설립 1년 만에 최대 주주였던 대기업이 경영난으로 발을 뺀 것이다. 이때 유 대표는 결정을 내린다. 자신의 퇴직금 전액과 그간 모은 자산을 투자해 회사를 인수했다. 모두가 무모하다며 말렸지만, 그는 단호했다.

"기회는 실패를 두려워하지 않는 사람에게 온다고 믿습니다. 그런 사람에게만 기회가 기회로 보이기 때문이지요. 기술은 사람을 돕기 위해 있는 것입니다. 저는 오히려 데이터를 다루는 데서 끝나는 게 아니라 AI로 더 나은 세상을 만들 수 있단 걸 증명할 절호의 찬스라고 생각했습니다."

유 대표의 용기와 결단이 돋보이는 대목이다. 데이터에서 가능성을 발견한 통찰, 안정 대신 도전을 택한 결단, 그리고 실패를 두려워하지 않는 의지가 지금의 마음AI를 있게 한 성장의 토대였다.

불확실성 속에서 기회를 보다

다이아몬드는 극한의 압력 속에서 탄생한다. 이처럼, 빛나는 성과와 혁신은 종종 가장 극심한 위기 속에서 시작된다. 애플의 스티브 잡스도 한때 자신이 세운 회사에서 쫓겨났으나 이를 발판 삼아 훗날 애플을 혁신의 상징으로 탈바꿈시키지 않았는가. 유태준 대표도 마찬가지였다.

"모든 것을 잃을 뻔한 순간, 우리는 진짜 우리의 길을 찾았습니다."

유 대표는 대기업의 투자 철회로 인해 회사가 존폐의 기로에 섰던 순간을 이렇게 회고한다. 당시 '마인즈랩'은 막 설립 초기였고, 주 사업은 데이터를 수집하고 분석하는 도구를 개발하는 것이었다. 그러나 투자자가 손을 뗀 순간, 회사를 운영할 자금은 물론이고 신뢰까지 흔들릴 위기에 놓였다. 기업의 생존에만 집중할 일이 아니었다. 회사의 방향성을 근본적으로 재정립해야 하는 순간이었다. 유태준 대표는 과감한 결정을 내린다.

"회사 이름을 '마음AI(maum.ai)'로 바꿨습니다. 데이터를 다루는 데서 그치지 않고 사람들에게 실질적인 해결책을 주는 AI 솔루션을 만드는 회사로 거듭나기 위해서였죠. 기술은 삶에 변화를 가져와야 합니다. 이러한 철학이 바로 마음AI의 시작점이자 방향성이지요."

이렇게 새 출발을 알리며 유 대표는 AI 기술을 '데이터 중심'에서 '솔루션 중심'으로 전환하는 데 집중했다. 특히, 챗GPT와 같은 생성형 AI 기술이 주목받기 시작했을 때 마음AI는 이를 빠르게 도입하며 변화에 발맞췄다. 유 대표는 불과 두 달 만에 챗GPT를 회사 서비스에 연동했고 이어서 최신 버전인 GPT-4도 국내 최초로 통합했다. 이러한 노력 덕분에 마음AI는 다양한 분야에서 활용 가능한 AI 솔루션을 제공하기 시작했다. 예를 들어, 챗GPT를 연동한 시스템은 기업의 고객 상담 방식을 크게 개선하며, AI가 실제 현장에서 어떤 문제를 해결할 수 있는지 증명했다. 챗GPT가 연동된 고객 상담 시스템은 상담 방식을 완전히 바꿔놓는다. 우선 24시간 자동 응대로 고객이 언제든 빠르게 답변을 받을 수 있고 반복되는 질문은 AI가 알아서 처리해서 상담사 일이 확 줄어든다. 또 고객의 상담 이력을 토대로 맞춤형 답변을 제공하고 감정까지 분석해서 불만이 있는지 바로 파악하고 공감하며 대처할 수 있다.

"시장의 요구는 끊임없이 변하기 때문에 이 변화에 유연하게 대응하지 못하면 아무리 좋은 기술도 사장될 수밖에 없지요. 그래서 우리는 과감한 피벗(pivot) 전략을 통해 새로운 길을 모색하며 변화에 빠르게 적응했습니다. 우리가 성장할 수 있었던 이유는 불확실한 상황에서도 방향을 확실히 잡고 나아갔기 때문입니다."

위기의 순간 돌파력을 발휘한 유태준 대표. 그는 철학과 방향성을 다시 세워 살아남았고 성장의 기반을 다졌다. AI 기술을 솔루션 중심으로 바꾼 솔루션은 바로 그 자신이었다.

기술이 마음을 품다

"AI는 그냥 똑똑한 기계가 아니에요. 인간의 감정을 이해하고 삶을 더 나은 방향으로 이끄는 동반자가 될 수 있습니다. 이게 제가 생각하는 AI의 궁극적인 역할이고, 마음AI가 추구하는 방향이지요. 이런 철학은 저희가 개발한 일명 3개의 심장, '말(MAAL), 수다(SUDA), 워브(WoRV)'에 잘 담겨 있어요. 저는 AGI(범용인공지능) 시대가 점점 빠르게 다가오고 있다고 봅니다. AGI는 인간처럼 학습하고, 판단하며, 문제를 해결할 수 있는 AI인데 이를 실현하려면 고도화된 파운데이션 모델(기초 AI모델)이 반드시 필요합니다."

현재 마음AI는 '말(MAAL)', '수다(SUDA)', '워브(WoRV)'라는 3대 파

유태준 마음에이아이 대표

운데이션 모델을 기반으로 대화형 AI, 로봇, 자율주행 등 다양한 기술을 발전시키고 있다. 이 파운데이션 모델은 특정 기능을 수행하는 AI에 머물지 않고 사람처럼 다양한 상황에 맞게 이해하고 반응할 수 있도록 돕는 중요한 역할을 하며 AGI를 실현하는 데 핵심적인 역할을 한다.

먼저, '말(MALL)'은 언어 파운데이션 모델이다. '말'은 다국어 처리 능력을 지니고 있을 뿐 아니라 특정 산업에 특화된 언어 솔루션을 제공한다. 대화형 AI 말고도 문서 분석, 데이터 처리, 법률 상담 등 다양한 분야에서 활용되며, 실제로 인간이 해결하기 어려운 문제를 간단하고 신속하게 처리하도록 도움을 준다. 이 기술을 적용한 사례로는 한국기계연구원이 도입한 '챗 허브(Chat Hub)'가 있다. '챗 허브'는 '말'의 기술력을 활용해 사내 복잡한 작업을 자동화하고 정보 접근성을 혁신적으로 향상시키는 AI 플랫폼이다. 사용자는 IT 전문가가 아니어도 간편하게 맞춤형 챗봇을 생성해 업무 환경에 즉시 적용할 수 있으며, 이를 통해 인사, IT 지원, 운영 관리 등 다양한 부서에서 반복 작업을 줄이고 보다 창의적인 업무에 집중할 수 있도록 돕고 있다. 또한 세계 최대 IT·가전 박람회인 CES 2025에서는 '말'을 기반으로 개발된 '근로감독관 AI 지원 시스템'이 노동법과 관련된 복잡한 문제들을 한결 더 쉽게 해결하며 큰 주목을 받기도 했다.

다음으로, 대화를 구현한 AI '수다(SUDA)'는 실시간으로 사람처럼 말을 듣고 생각한 뒤 자연스럽게 대답할 수 있는 음성 대화 모델이다.

"'수다(SUDA)'는 음성 명령을 수행하는 데 그치지 않아요. 대화의 흐름을 이해하고 사람과 자연스럽게 소통하는, 그야말로 친구와 수다를 떨듯 편안하게 대화할 수 있는 AI라고 보시면 됩니다. CES 2025에서 '수다'가 탑재된 로봇이 음료 주문부터 고객 응대까지 물 흐르듯 처리하는 시연을 보면서 참관객들이 굉장히 놀라더군요. AI가 진짜 동반자로 진화하고 있다는 걸 보여준 순간이었지요."

마지막으로 '워브(WoRV)'는 세상을 보는 AI다. 자율주행을 돕는 모델로, 주변 상황을 실시간으로 보고 판단해 안전하게 움직이고 빠르게 대처할 수 있다. 기존의 자율주행 기술이 사전 프로그래밍된 경로를 따라가는 방식이었다면 '워브'는 예상치 못한 상황에서도 스스로 판단하고 대처할 수 있는 차별화된 능력을 보여준다.

"예를 들어, 보행자가 갑자기 나타나거나 잔디밭 같은 특수한 지형이 등장해도 워브는 이를 정확히 감지하고 유연하게 대응할 수 있습니다. 이런 기술적 성과를 CES 2025와 뉴립스(NeurIPS)에서 선보였는데 글로벌 AI 업계에서 많은 관심을 보였어요. 특히 세계적인 AI학회뉴립스에서 이 기술이 최우수논문상을 받으면서 마음AI의 기술력이 널리 인정받는 계기가 되었지요. 저희 팀에게도 정말 뜻깊은 순간이었습니다."

마음AI의 이러한 성과는 뛰어난 기술력으로만 이루어진 것이 아니다. 유태준 대표는 AI가 사람들에게 진정한 도움을 주기 위해선 기술이 사람을 향해야 한다고 생각했다. 기능적으로 일을 처리하는 것을 넘어 사람들의 문제를 해결하고 일상을 편리하게 하며 마음까지 공감할 수 있을 때 진짜 가치가 있다고 믿었다. 이 철학은 '말, 수다, 워브'라는 기술 모델을 개발하는 과정에서부터 철저히 반영되었고 마음AI는 CES 2025와 뉴립스에서 인정받으며 AI 업계의 선두 주자로 자리매김했다.

"기술이 편리함을 넘어 인간의 마음과 삶에 스며들 수 있을 때, 그때 비로소 진정한 변화가 시작될 것입니다. 우리의 생각이 이어지고, 마음으로 소통하며, 함께 같은 곳을 바라보는 순간들이 모일 때 기술은 생명을 가진 듯한 힘을 발휘하지요. 그렇게 3개의 심장은 사람과 기술을 한 울타리 안에 품어 다양하고 풍성한 정원 풍경을 자아냅니다."

'말'은 우리의 생각을 연결하고, '수다'는 마음을 나누며, '워브'는 세상을 함께 바라본다. 이 3개의 심장은 생명력을 불어넣는 기술의 본질이면서 AI와 인간이 어우러지는 신세계, 그 문을 여는 열쇠다.

글로벌 진출과 협업, 마음AI의 미래

유태준 대표는 항상 새로운 가능성을 찾아 글로벌 무대로 도전장을 던졌다. AI 기술이 한국이라는 로컬 시장을 넘어 세계적인 영향력을 발휘하려면 기술뿐 아니라 글로벌 협업과 파트너십이 필수적이라는 것이 그의 철학이다. 마음AI는 이러한 철학을 바탕으로 퀄컴, 뉴로메카 등 다양한 글로벌 기업과 협력하며 AI의 지평을 넓혀왔다.

그중 퀄컴과의 협업은 마음AI가 글로벌 시장에서 두각을 나타내는 데 중요한 발판이 되었다. 마음AI가 CES 2025에서 선보였던 '수다'도 퀄컴의 최신 칩셋 기술을 사용해 만든 것이었다.

"'수다'는 클라우드에 의존하지 않고 기기 자체에서 음성 대화를 처리할 수 있는 기술입니다. 그래서 인터넷이 안 되는 환경에서도 얼마

든지 사용할 수 있지요. 수다가 스마트홈 환경에서 어떻게 구현되는지 CES에서 시연했는데 그걸 본 참관객들과 전문가들이 무척 놀라더라고요. '너무 눈부셔'라는 말을 들은 수다가 사용자의 의도를 이해하고 블라인드를 내렸던 거죠."

인터넷 연결이 제한적인 환경에서도 원활히 작동하는 이 기술은 스마트 홈 아이오티(IoT)부터 자율주행차까지 다양한 응용 가능성을 보여주며 AI 기술의 새로운 표준을 제시했다.

또한 뉴로메카와의 협업은 AI 기술을 로봇 산업으로 확장하는 데 중요한 계기가 되었다. "뉴로메카와 함께 무인화 기술을 만들어서 자율주행 로봇이나 산업용 로봇을 실제로 쓸 수 있게 하는 걸 목표로 하고 있습니다. 이 기술은 지금 농업, 물류, 제조업 같은 데에 큰 변화를 주고 있는데, 특히 정밀함이나 효율이 필요한 작업에서 성과가 정말 좋아요."

마음AI는 군사와 의료 분야에서도 AI 기술의 새로운 가능성을 열었다. 특히 군사 분야에서는 육군과 협력해 지능형 스마트부대 시범체계를 구축했다. 이 체계는 온프레미스 LLM(대형 언어 모델)을 기반으로 한 AI 챗봇을 활용해, 복잡한 규정과 방대한 데이터를 내부 서버에서 안전하게 처리한다. 외부로 데이터를 보내지 않고도 필요한 정보를 빠르게 검색하고 활용할 수 있어 보안이 중요한 군사 환경에 최적화된 시스템이다. 의료 분야에서는 배리어프리 키오스크와 자율주행 로봇을 통해 노인 돌봄과 환자 관리에서 새로운 기준을 제시하고 있다. 키오스크는 장애인이나 고령자도 쉽게 사용할 수 있도록 설계되었으며, 자율주행 로봇은 병원에서 물품을 운반하거나 환자를 안내하는 역할을 맡아 의료진의 업무를 돕고 있다.

글로벌 시장 진출 사례도 마음AI의 혁신과 성과를 증명한다. 호주에서는 대형은행 ANZ와 합작법인을 만들어 AI 기술을 현지 시장에 성공적으로 안착시켰다. 의료, 공공서비스 분야에 마음AI의 기술을 적용해 현지 기업들과 협업하여 기술의 실용성을 입증한 것이다. 또한 일본과 미국에서도 현지 기업 및 정부와 협력하며 AI 기반 솔루션을 제공하고 있는 마음AI는 이 과정에서 기술을 수출했을 뿐 아니라 각 지역의 특성에 맞춘 맞춤형 솔루션을 제시해 글로벌 무대에서 경쟁력을 키워왔다.

"저는 항상 '로컬에서 시작하되 글로벌을 꿈꾸라'고 이야기합니다. 마음AI는 한국에서 쌓은 경험과 기술을 세계 시장에 맞춰가며 AI 기술의 경계를 계속 넓히고 있어요. AI를 통해 전 세계 사람들이 더 풍요로운 삶을 누릴 수 있도록 도우면서 기술과 목표를 함께 실현하는 글로벌 AI 기업으로 자리 잡아가고 있습니다"

유태준 대표는 세계 곳곳에서 이 목표를 실제로 증명하고 있다. 글로벌 AI 생태계의 중심에 서겠다는 그의 포부가 AI 역사에 지금도 실시간으로 기록되고 있다.

사람과 기술, 그 사이에서 길을 찾다

사람과 기술이 조화를 이루는 게 진정한 혁신의 시작이라고 믿는 유태준 대표의 이런 생각은 마음AI의 조직 운영과 회사 문화 전반에 스며들어 있다. 그의 리더십은 마치 오케스트라의 지휘자처럼 각자의 창의성을 존중하면서도 전체적 조화를 이끌어낸다. 연주자들이 자유롭게 개성을 드러내면서 하나의 아름다운 선율로 합쳐질 때 아름다운 음악이 완성되듯 유 대표는 직원들에게 자율성과 책임의식이 저울 양쪽에서 균형을 이루는 환경을 함께 마련했다. 이는 마음AI가 지금의 성과를 낼 수 있었던 원동력이기도 하다.

"저는 자율성을 가장 중요한 가치로 여깁니다. 직원들이 창의성과 역량을 발휘해야 조직이 성장한다고 믿거든요. 자율성이란 마냥 자유롭게 행동하는 게 아닙니다. 반대편에 책임과 신뢰가 있어야 진정한 가치를 발휘하지요. 관건은 균형입니다. 자율성만 강조하면 혼란이 생기고,

반대로 규율만 강조하면 창의력이 억압되지 않겠어요? 이 둘이 같은 선상에 있을 때 비로소 조직이 제대로 작동합니다. 마음AI가 창의적이면서도 체계적으로 일할 수 있는 이유가 바로 여기에 있습니다."

실제로 마음AI는 체계적인 시스템을 갖추고 있다. 바로 '프로젝트 관리 시스템(PMS)'과 '지식 관리 시스템(KMS)'이다. PMS는 모든 프로젝트의 진행 상황을 디지털로 기록하고 관리하여 업무의 효율성을 극대화한다. 이를 통해 직원들은 자신이 맡은 역할과 목표를 명확히 이해하고 팀 간 협업도 원활하게 이루어진다. 또한 KMS는 회사 내에서 축적된 모든 지식을 체계적으로 저장하고 공유하여 직원들이 새 프로젝트를 시작할 때 필요한 정보를 손쉽게 얻고 과거의 경험과 데이터를 활용해 더 나은 결과를 만들어내게 한다. 이러한 시스템이 마음AI가 끊임없이 성장하고 혁신할 수 있는 중심축이다. 유 대표는 기술 중심의 기업에서도 사람을 이해하고 존중하는 리더십이 가장 중요하다고 강조한다.

"저는 기술과 사람의 관계를 늘 중심에 놓고 있어요. 조직의 리더는 직원들의 의견을 귀 기울여 듣고 각자의 역량과 잠재력을 존중해야 합니다. 직원들은 조직의 비전을 함께 이뤄가는 소중한 동반자니까요. 이 믿음이야말로 건강하고 지속 가능한 조직 문화를 만드는 첫걸음입니다."

유태준 대표의 이러한 리더십 철학은 마음AI의 성장과 성공에 결정적인 역할을 했다. 자율성과 규율의 조화를 통해 조직 내에서 창의성과 협업을 극대화했고, 이를 통해 기술 혁신과 시장 변화에 빠르게 대응할 수 있는 민첩성과 유연성을 갖추게 된 것이다.

"AI 기술이 아무리 발전해도, 결국 그것을 활용하고 더 나은 방향으로 이끄는 건 사람입니다. 기술 그 자체보다는 그 기술을 통해 무엇을 이루고자 하는지가 더 중요한 이유이지요."

유태준 대표의 리더십은 직원과 기술, 그리고 기업의 비전을 연결하는 다리 역할을 하고 있다. 이 다리를 건너는 건 더 나은 내일로 향하는 여정일 것이다.

마음AI, 마음으로 세상을 잇다

'마음AI(maum.ai)'라는 이름에는 하나의 꿈이 담겨 있다. 첨단 인공지능 기술이 지향하는 이성적이고 정밀한 '마음'과 인간이 가진 따뜻하고 공감 어린 '마음'이 조화롭게 어우러진 세상을 만들겠다는 약속이 깃들어 있다. 그러니까 이 이름은 마음AI가 이루고자 하는 미래를 한 단어로 압축한 선언이다.

인간은 자신과 다른 존재를 막연하게 두려워하기 마련이다. AI가 점점 더 똑똑해지고 우리의 일상 깊숙이 들어오면서 'AI가 인간을 대체하지 않을까?' 이런 우려가 드는 건 사실 자연스러운 반응이다. 인간은 곧 나이기 때문이다. 그때마다 유태준 대표는 걱정하지 말라고 다독인다.

"AI는 인간의 자리를 빼앗는 경쟁자가 아니라 인간 곁에서 삶을 더 편리하고 풍요롭게 만드는 동반자입니다. 이게 바로 마음AI의 철학이고요. 저희 기술은 사람들의 감정과 이야기를 이해하려고 노력합니다. 기술은 차가워도 그 안에는 따뜻한 마음이 담겨 있지요. AI는 인간이 만든 것이고, 거기에 담기는 가치는 사람의 선택에 따라 달라질 겁니다. 우리가 기술을 통해 어떤 세상을 꿈꾸느냐에 따라 AI도 그 기대와 믿음에 응답할 거라고 확신합니다."

어쩌면 AI는 인간이 만들어낸 가장 큰 거울일지도 모른다. 우리의 두려움을 비추는 동시에 우리의 가능성을 보여주는 존재 말이다. 하지만 미래를 결정짓는 것은 기술이 아니라, 그 기술을 사용하는 사람의 마음이다. 마음AI는 사람을 잇고 세상을 연결하며 기술과 사람이 함께 어우러지는 내일로 가고 있다. 유태준 대표의 여정은 사람의 마음에서 시작해 사람의 마음으로 완성되는 기술의 이야기다.

유태준 대표는...

삼일회계법인 입사(1993년), (전)삼일회계법인 컨설턴트, 인공지능(AI) 전문 기업 ㈜마인즈랩 설립(2014년), 회사명 ㈜마음에이아이(Maum AI)로 변경(2023년), (현) ㈜마음에이아이(Maum AI) 대표이사

시장은 늘 정직하다
소비자에게 귀를 열어라

한국CEO경영대상
비즈니스 혁신 부문

이동열 코리아테크·가히 대표

시장과 적극적으로 소통하는 마케팅 전문가, 유통의 귀재 이동열 코리아테크 대표는 세상을 놀라게 만드는 재주가 남다르다. 오로지 시장의 반응과 고객의 목소리에 의지해 누구도 예상치 못했던 히트작을 선보이기 때문이다. 지난 2002년 코리아테크를 설립한 이래, 소비자들의 마음을 공략한 지도 벌써 30여 년이 가까워진다. 하지만 마음먹은 대로만 흘러가지 않는 것이 세상사, 베테랑 CEO로 불려도 어색하지 않을 연차가 됐지만 항상 '성공의 꽃길'만 걸을 수는 없었다. 쌓인 연륜만큼 부침(浮沈)도 겪었다. 하지만 이 대표는 실패의 장부에서 반드시 교훈을 얻는다. 새로운 도전에서 반드시 되돌아볼 소중한 자산이기 때문이다.

　20대에 창업한 이동열 대표는 표현 그대로 패기만만했다. 무수한 마케팅 전문가들도 자신있게 도전했다가 실패의 쓴맛만 남기고 손사래를 치며 퇴장한 복마전이 유통 시장이다. 기발한 아이디어와 탄성을 자아내는 기술력을 지니고도 한 치 앞을 내다볼 수 없을 정도로 안개투성이다. 양면 유리창 청소기로 사업 기반을 마련한 이 대표는 잠시 숨을 골랐다. 세계 곳곳을 돌며 발품을 팔았고, 시장조사를 위해 이름난 전시회를 찾아 헤맸다. 자신의 감각을 믿고 국내에서 통할만 한 상품을 발굴했다. 글로벌 세제 브랜드와 탄산수 제조기 브랜드, 지금의 코리아테크를 시장에 각인시킨 얼굴 마사지기 리파, 글로벌 아티스트 싸이가 광고 모델로 나서 화제가 된 얼굴 운동기기 '파오', 크리스티아누 호날두의 복근 운동기로 유명한 '식스패드', 그동안 이 대표가 시장에 선보인 '작품'들 중에서 특별히 기억할만한 라인업이다.

실패도 자산, 교훈을 얻어라

실패와 좌절의 경험들은 CEO를 단련시킨다. 이동열 대표의 만만치 않은 맷집도 실패에서 비롯된 것이다. 헬스클럽에서 '쇠질' 깨나 해 본 사람들은 잘 알지만, 근육은 살이 찢어진 뒤에 아무는 과정에서 만들어진다. 탄탄한 근육질의 체형은 얼굴 찡그리며 아픔을 이겨낸 사람들에게만 허락되는 '훈장'인 셈이다.

"사업이 잘되어도 은근히 불안할 때가 있습니다. 어떤 변수가 있을지 몰라 걱정이 끊이지 않거든요. 사업 초기에는 그런 경험들이 종종 있었죠. 허탈했지만 준비가 철저하지 않았다는 얘기였으니 받아들일 수밖에 없었습니다."

실패의 경험이 반드시 '시장의 외면'으로만 찾아오지 않는다는 얘기다. 그가 선보인 글로벌 세제는 홈쇼핑에서만 1천만 개 이상이 판매됐고, 야심차게 들여온 탄산수 제조기도 국내에서 새로운 가전 트렌드를 일으키며 '대박'을 쳤다. 당시 웨딩업계에서 새로운 혼수 목록에 탄산수 제조기를 집어넣을 정도로 탄산수 바람은 꺼질 줄 몰랐다. 그런데 한국 독점 판매권이 문제를 일으켰다. 월드컵 4강 감동의 여운이 채 가시지 않았던 2005년이었다.

"애써 공들인 끝에 탄산수 제조기를 히트상품으로 만들었더니 본사에서 계약 조건을 변경하자고 어깃장을 놓더군요. 불공정한 조건으로 거래를 하자면 손해가 불가피했습니다. 판매를 접을 수밖에 없었죠."

2008년 국내 시장에 선보인 글로벌 세제도 공급자의 '횡포'에 눈물을 머금었다. 국내를 넘어 아시아 전역을 강타한 히트상품으로 도약하자 본사는 다른 업체로 총판을 바꿨다. 두 번의 '실패 아닌 실패'를 이동열 대표는 지금도 잊지 못한다. 와신상담해야 할 '통한의 비극'이라서가 아니라, 새로운 도전에서 기필코 되새겨야 할 교훈이었기 때문이다. 리스크를 감수한 시장 개척 단계에서는 향후 공급자가 변덕을 부릴 수 없도록 꼼꼼하게 계약조항을 삽입하는 조치가 필요하다. 일정 기간의 거래를 안전하게 보장받아야 마케팅 비용을 보전하기 때문이다. 실패가 '일기장의 실패'로만 남으면 공허한 추억거리일 뿐이다. 두 번의 사건은 감각과 안목, 아이디어, 추진력 외에도 법률과 상거래 지식을 새로운 무기로 장착한 계기가 됐으니, 비싼 수업료를 낸 실전 교육으로 이 대표는 CEO로서의 관록이 더욱 탄탄해졌다.

리스크에 대비 비결은 폭넓은 시야

지금의 코리아테크가 시장에서 확실하게 눈도장을 찍은 제품은 얼굴 마사지기 '리파'였다. 그의 감각과 안목이 적중해 이제야 사업이 궤도로 진입했나 싶더니, 기어코 돌발 변수가 엉뚱한 곳에서 터져 나왔다. 출시 후 날개 돋친 듯이 제품이 팔려나가 흐뭇했던 이 대표, 힘차게 달려가던 그의 발목을 동아시아 국제관계가 잡고 늘어졌다. 악화된 한중, 한일 관계가 코리아테크의 걸림돌이 될 줄은 그로서도 상상조차 할 수 없었다. '사드' 사태로 한중 관계가 경색되기 시작하면서 국내 면세점에서 리파의 싹쓸이 쇼핑을 주도하던 중국 관광객 매출이 바닥을 쳤다. 덩달아 한일 외교에도 냉랭한 기류가 흐르더니 '노 재팬(No Japan)' 운동이 벌어져 우상향을 그리던 판매 그래프에 빨간불이 켜졌다. '아닌 밤중에 홍두깨'가 따로 없었다. 리파의 시장 질주에 급제동이 걸렸고, 2019년부터 2020년까지 2년여의 기간 동안 속절없이 자숙의 세월을 보내야 했다. 뷰티 제품들은 사실상 이동열 대표가 오랜 기간 시장조사를 하며 소비자들의 심리를 분석했고, 단계적으로 출시할 제품들을 엄선해왔던 터라 타격의 여파는 컸다. K-뷰티가 지구촌을 사로잡는 트렌드로 떠오르자 이 대표는 뷰티 시장에 주목했고, 국내는 물론 해외시장을 공략하기 위해 꼼꼼하게 준비를 하고 있었다. 하지만 그동안 뚜렷한 성과를 거두지 못해 애를 태웠다. 프리미엄 물티슈 브랜드가 기대했던

성과에 미치지 못했고, 직접 화장품 유통에도 나서봤지만 그 때마다 쓰디쓴 입맛을 다셔야 했다. 돌발의 변수든 시장 분석에 대한 오류든, 실패가 되풀이되면 기억하고 싶지 않은 옛이야기로 남기지 않고 무언가 한 가지라도 배워야 했다.

"코로나 팬데믹으로 해외 출장이 줄어들었고 회사에서 생각할 시간이 많아졌어요. 시간이 남으니 회사의 경영지표가 눈에 들어왔죠. 회계장부에서도 특별하게 의미 있는 수치들이 보이기 시작했고 매출 그래프의 행간을 읽을 수 있게 됐습니다. 재미가 붙었죠. 원인을 분석하고 과정에 대해 점검하고 대안을 고민했죠."

이동열 대표는 자사 브랜드가 없기 때문에 시장에서 주도권을 쥐지 못하고 주변 환경 변수에 민감하게 반응할 수밖에 없다는 사실을 깨달았다. 지금처럼 계속 끌려 다닐 것인지, 주도권을 쥐고 판을 흔들 것인지 선택의 기로에 섰다. 몇 번을 복기한 끝에 결론이 났다.

애써 남의 제품 팔아줘봤자, 수수료 남기는 '보따리 장사꾼'에 불과했다. 자사 브랜드를 론칭하는 것이 유일한 해답이었다.

뷰티 공략은 [가히]를 위한 빌드업

"아시아를 비롯한 전 세계 글로벌 시장에서 K-뷰티가 각광받고 있는 엄연한 사실, 국내를 넘어 해외 시장으로 도약하려면 이 사실을 잊지 않아야 합니다. 결국 자사 브랜드 론칭은 시기가 문제였을뿐 필연적인 귀결이었죠."

이동열 대표는 브랜드 출시와 관련 단순한 내수용이 아니었다는 사실에 방점을 찍었다. 물론 이 대표의 장기적 플랜과는 별개로 일단 국내 시장에서 먼저 살아남는 것이 중요했다. 고민을 거듭한 산고 끝에 코리아테크가 론칭한 뷰티 브랜드의 이름은 [가히]. 처음으로 출시한 제품은 소형 스틱 멀티밤이었다. 회사가 존폐 위기에 처했던 절체절명의 위기 속에서 론칭한 브랜드와 제품이었으니 그의 심정이 얼마나 복잡다단했을지 짐작이 간다. 2020년 5월에 출시된 멀티밤은 시장에 내놓은 지 채 2년도 안돼 누적 판매량 800만 개를 돌파하는 신기록을 썼다. 공전의 빅히트를 친 멀티밤 외에도 아쿠아밤, 엑스틴C밤 등 스틱형 기초 화장품 제품을 연이어 선보였다. 매출은 브랜드 출시 1년 만에 139억원(2020년)에서 2513억원대(2021년)로 20배 가까이 치솟았다.

반전의 선봉장, 가히의 멀티밤은 무엇보다 제품의 간편성과 우수한 보습 효과에서 탁월한 품질을 증명했다.

스틱 형태로 립밤처럼 휴대가 간편한 멀티밤은 스킨케어 마지막 단계와 외출 시 피부 보습, 목과 모발 보습 등 다용도로 사용할 수 있어 출시 직후부터 소비자들의 인기를 독차지했다. 제주도의 식물을 발효시켜 만든 특수 성분을 활용해 보습력이 길고 윤기까지 장착한 제조 방식도 돋보였다. 메이크업 지속력을 높이기 위해 사용됐던 필름 엑셀 공법을 적용해 보습력도 극대화됐다. 끈적임이 없어 메이크업 위에도 사용이 간편할 뿐만 아니라, 사용 후 마스크를 써도 답답하지 않다는 후기가 인터넷을 달궜다.

품질의 우수성뿐만 아니라 브랜드 네이밍과 광고 전략에서도 화제를 몰고 다녔다.

"한류의 바탕은 문화라고 생각합니다. 한글은 한류의 정수라고 할 수 있죠. 한글 맨 처음 자음인 'ㄱ'과 모음 'ㅏ', 맨 마지막 자음인 'ㅎ'과 모음 'ㅣ'를 조합해 '가히'라고 지었습니다. K-뷰티의 시작과 끝이라는 의미를 담았죠."

절묘한 브랜드 네이밍은 이듬해 한글날 광고로 다시 한번 화제를 모았다. 한글 사랑의 공익캠페인보다 뷰티 브랜드 가히의 영상 광고 하나가 더 세련된 한글 홍보 효과를 거뒀다는 전문가들의 평가까지 얻었다. 맑고 깨끗한 이미지를 가진 배우 김고은씨를 활용한 제품 광고 전략도 젊은 세대를 공략한 '신의 한 수'가 됐다.

"2020년 김고은 배우가 기존의 화장품 광고 모델 계약이 막 끝났던 시점이라, 여러 개의 브랜드가 경합을 벌이고 있었습니다. 후발주자로 뛰어든 가히는 우선 지명도에서 밀렸죠. 진심이 들어간 읍소 전략으로 승부했습니다. 일단 써보고 결정해달라며 제품부터 보냈습니다. 결국 김고은 배우가 가히를 선택했다는 회신이 왔고, 하늘이 도왔으니 성공할 수밖에 없는 운명이라고 생각했습니다."

해외로 뻗는 K-뷰티 대표 브랜드

멀티밤 성공의 뒤안길에는 제조사인 코스맥스 이경수 회장의 뚝심과 파트너십도 큰 역할을 담당했다. 그래서 이동열 대표는 지금도 당시의 고마움을 잊을 수 없다.

"코리아테크에서도 자체적으로 연구원을 영입하고 직원도 대거 보강했지만, 규모에서 한계가 있었습니다. 국내 최고의 기술력을 보유한 화장품 제조사 코스맥스에 손을 내밀었는데, 이경수 회장님이 가능성 하나만 보고 전담팀을 꾸려주며 힘을 실어주셨습니다."

코리아테크와 코스맥스 연합군은 매주 4시간씩 한 주도 쉬지 않고 제형 연구와 테스트 등 개발 회의를 진행한 끝에, 국내 화장품 시장에 '멀티밤'이라는 장르를 신설했다.

코리아테크는 지난 2024년 12월 5일 한국무역협회가 주관한 '제61회 무역의 날 기념식'에서 '1,000만불 수출의 탑'을 수상했다. 뷰티 브랜드 수출기업으로서도 입지를 탄탄하게 구축하며 이 대표 스스로 가히는 내수용이 아니라고 밝힌 이유를 증명했다. 2023년 본격적으로 해외 시장 공략에 나섰고 아마존 등 글로벌 이커머스에 입점하는 등 현재 미국과 일본을 비롯한 11개 국가에 진출해 있다. 2024년 기준(23년 7월~24년 6월) 수출 성적표는 천만 불을 돌파하며 전년 동기 대비 22% 증가한 수치를 기록했다. 특히 미국에서의 성과가 눈부시다. 전체 해외 매출 중 절반에 가까운 40%를 미국 시장에서 올린 점이 눈에 확 들어온다. 세계 모든 제품의 전시장으로 불리는 미국, 글로벌 브랜드로서의 성공 여부를 결정하는 곳이기 때문에 미국 시장은 모든 기업이 촉각을 곤두세우는 무대다. 가히는 아마존 입점 당시부터 '뷰티 앤 퍼스널 케어' 전체 카테고리에서 8주 만에 200배 가량 순위가 급상승하는 기염을 토했고 최종 500위에 랭크돼 K-뷰티 파워를 유감없이 과시하는 등 국내 시장의 인기를 이어 나갔다. 아이 트리트먼트 밤 부문에서는 베스트셀러 1위, 2023년 출시 신규 뷰티 제품 1위에 오르기도 했다.

가히의 다음 목표는 2025년인 올해, '2천 만불 수출' 고지 달성이다. 미국 시장에서의 성장세를 이어가고, K-뷰티 바람이 불고 있는 중동 시장 문도 힘차게 두드리고 있어 목표 달성이 어렵지 않을 전망이다. 가히는 2024년 10월 UAE 두바이에서 열린 '2024 뷰티월드 미들 이스트

(Beautyworld Middle East)'에 참여, 중동 시장 진출에 속도를 내고 있다. UAE·사우디아라비아 등 중동 주요 국가 바이어들에게 브랜드 및 제품을 적극 알리며 전략적 파트너십을 논의하고 있다.

함께 갑시다, 인디 브랜드의 동반자

이동열 대표는 몇 년 전 서울 북촌의 가회동 성당 바로 맞은편에 한옥 3채를 매입했다. 가장 한국적이면서 차별화된 플래그십 스토어를 만들기 위해서다. 벼르고 별렀던 그 계획은 지난해 말 마침내 결실을 맺었다.

우리나라를 찾는 외국인들이 반드시 들르는 코스 북촌 한옥마을. 1층에 위치한 한옥 카페에서 고개를 돌려 보면 지하로 가는 길이 보인다. 계단을 따라 내려가 보면 인디 뷰티 브랜드 20여 개에서 출시한 일천여 개 제품이 세련된 모습으로 진열돼 있다. 한옥마을의 새 명소로 자리 잡은 이 곳의 이름은 '와이레스(YLESS)'. 코리아테크가 한국과 미국에서 동시 론칭한 K-뷰티 플랫폼이다. 이동열 대표는 자신의 옛 시절을 떠올리며 와이레스의 의미를 설명했다.

"인디 브랜드들을 플랫폼 입점 수수료나 마케팅비의 과중한 부담에서 벗어나게 해주고 싶었습니다. 그래야 자신만의 고유한 개성과 철학을 지키며 경쟁할 수 있죠. 와이레스는 그 출발점을 격려하는 정거장입니다. 여기서 제2의 가히, 제3의 가히가 연이어 나와야 전체 K-뷰티의 경쟁력이 강화된다고 생각합니다. 혼자서 가는 길은 외롭고 불안합니다. 해외 시장에서 K-뷰티가 경쟁력을 가지려면 상생의 파트너십이 필수적이죠."

국내와 해외를 동시에 겨냥한 제품을 선보이는 만큼, 내수 위주의 뷰티 브랜드와 다른 제품들도 눈에 띈다. 피부 톤에 따라 선택할 수 있는 파운데이션의 폭이 넓은 편이다. 국내 소비자를 대상으로 하는 파운데이션은 통상적으로 피부 톤을 2가지(21호·23호)로 구분하는 반면, 와이레스에서 론칭한 브랜드들은 처음부터 해외 시장을 고려했기 때문에 파운데이션의 종류도 수십 가지에 달한다. 샛노랑, 진초록, 진파랑 등 도발에 가까울 정도로 과감한 색조의 섀도우, 온도에 따라 색상이 달리 나타나는 블러셔도 있다. 미백·진정·모공·안티에이징 등 기초 화장품 카테고리도 일반 매장보다 세밀하게 분류되어 있다. 와이레스는 한국과 미국에서 선제적으로 론칭됐고, 올해는 일본까지 진출 예정이다. 이후에는 베트남을 중심으로 한 동남아시아 지역으로 플랫폼을 더욱 확장할 방침이다.

100년 장수기업·존경받는 기업

"100년 이상 지속되는 기업을 만드는 게 제 꿈이자 회사를 경영하는 목표입니다. 제가 현역에서 은퇴하더라도 오래도록 지속되고 사회적으로 존경받는 기업이 되기를 기원하는 마음으로 출근합니다. 지금은 기초를 다지는 과정이죠. 제 선택에 따라 코리아테크의 미래가 극단적으로 갈린다는 마음가짐으로 일하고 있습니다. 가히 역시 한글을 마케팅에 내세운 만큼 남다른 책임감으로 한국을 대표하는 브랜드로 성장시켜 나가겠습니다."

회사의 미래를 생각하면 이동열 대표는 잠이 오지 않는다. 불과 몇 년 전만 해도 존폐 위기를 겪었던 회사였으니, 그 마음이 오죽할까. 지금의 성세는 과거 자신이 실패를 통해 교훈을 얻은 결과이니만큼, 하루가 소중하다. 틈만 나면 아이디어 구상에 골몰하고 중장기 플랜을 짜는 일과도 여전하다.

"한국 민족의 정체성은 바로 문화에 녹아 있다고 생각합니다. 다양한 역사 기록이나 문헌에서도 나와 있듯이 한국인들은 노래하고 춤추며 인생을 즐길 줄 아는 사람들입니다. 헬스&뷰티 산업이야말로 이러한 특성을 잘 살릴 수 있는 분야라고 생각합니다. 코리아테크는 우리의 정체성을 글로벌 무대에서 증명할 수 있는 첨병으로서 최선을 다하겠습니다."

이동열 대표는 회사가 성장할수록 브랜드 신뢰도가 중요하다는 생각에서 고객의 목소리에 귀를 기울이고 있다. 제품 개발에서 가장 신경 쓰는 부분도 '소비자 반응'이다. '고객의 목소리'에 정답이 있다는 믿음에 변함이 없고 고객 요구를 최대한 반영하려고 노력한다. 멀티밤의 리필 제품을 출시한 것도 소비자 때문이었다. '수시로 사용하다 보니 너무 빨리 쓴다'는 게 불만이 나오자 리필 제품 출시에 나섰다. 내부에서는 반대가 심했다. 본제품 재구매율이 떨어진다는 이유에서다. 매출에 악영향을 미친다는 우려에도, 이 대표는 출시를 밀어붙였다. 고객의 신뢰를 얻어야 오래간다는 믿음 때문이다.

"멀리 보고 가자며 반대하는 직원들을 설득했어요. 결국 장기적으로 소비자 편의를 먼저 생각하는 브랜드가 되어야 한다는 것으로 가닥이 잡혔습니다."

친환경 브랜드 전략도 작용했다. 제품 개발에서 친환경 요인이 반영되면 소비자 신뢰도가 올라가기 때문이다. 글로벌 시장을 향해 힘차게 진군하는 가히의 선택답다.

이동열 대표는...

헬스&뷰티 전문 기업 코리아테크를 설립해 전 세계 히트 상품을 발굴, 론칭해왔다. 고기능 스킨케어 브랜드 '가히(KAHI)'로 국내외 뷰티 시장에 파란을 일으켰으며, 새롭게 선보이는 뷰티 플랫폼 '와이레스(YLESS)'로 글로벌 뷰티 시장에 도전한다.

기업가 정신 되살리는
통찰경영의 마에스트로

한국CEO경영대상
특별상 부문

이승한 홈플러스 창업회장 | 넥스트앤파트너스 회장

미국의 전설적인 백악관 출입기자 헬렌 토머스는 90세까지 현역으로 인터뷰 현장을 지켰다. 93세를 일기로 영면한 토머스는 기자 생활 60년 동안 무려 50년간 백악관을 출입했다. 헬렌의 경우 일이 좋아서 자발적인 고령 현역이었다면, 조선조 세종대왕 시절의 황희 정승은 임금의 총애를 빌미로 '강제 징집된' 고령 공무원이었다. [조선왕조 실록]에 따르면 황희는 90세로 세상을 떠나기 3년 전인 87세까지 재상으로 집무실을 지켰다. 전국시대 조나라의 명장 염파도 여든을 넘긴 나이에 전장에서 활약한 노익장이다. 임금이 참전을 허락지 않아 한 말 밥과 열 근 고기를 먹어 건재함을 증명했던 일화로 유명하다. 우리 경제계에도 세월을 잊은 영원한 현역이 존재한다. 통찰경영 연구와 경영컨설팅 업체 넥스트앤파트너스 이승한 회장이다. 유통업계 거인 홈플러스의 태동부터 성장까지 숨결 하나하나를 불어넣었던 전문경영인 출신의 CEO다. 삼성의 신입사원부터 차근차근 단계를 밟아 CEO까지 성장한 샐러리맨 출신 이 회장의 건재함은 미래를 꿈꾸는 젊은이들에게 대리만족의 쾌감을 선사한다.

삼성그룹 공채 출신 샐러리맨의 전설, 유통의 달인 홈플러스 그룹의 신화, 우리 시대의 경영멘토, 지(知)와 정(情)을 두루 갖춘 육각형 CEO... 각종 언론에서 이승한 넥스트앤파트너스 회장을 설명했던 문구들이다. 얼핏 지나친 헌사(獻詞)라는 생각이 들 법도 하지만, 가까이에서 지켜본 사람들은 이렇게 짧은 표현만으로 담기에 이 회장의 그림자가 너무 짙고 길며 넓다고 입을 모은다. 1946년생, 한국 나이로 팔순을 채웠지만, 얼굴 주름 몇 가닥만 빼면 여전히 60대 정도로 보이는 홍안과 해박한 지식, 유쾌한 달변의 소유자다. 육체적, 정신적으로 노화를 늦추는 DNA가 있나 싶을 정도로 세월이 더딘 사람이다. 무심한 듯 세련된 패션 감각도 변함없다. 한때 '영국 신사'로 불리던 시절이 있었지만, 지금도 다양한 색감과 디자인의 옷을 아무렇지 않게 척척 소화해낸다. 특히 주목할만한 점은 심오한 경지에 오른 경영의 지혜다. 그가 오랫동안 벼리고 다듬었던 경영의 노하우와 지식들이 차분하게 정리돼 인문과 과학의 이름으로 '통찰 경영'이라는 브랜드를 달고 후학들과 사회에 여운이 오래 남는 울림을 전해주고 있으니, 반기지 않을 도리가 없는 우리 경제계의 홍복(洪福)이다.

경영의 정점에 오른 CEO

이승한 회장의 직장 생활은 1970년 삼성그룹 공채 11기로 합격하면서 시작됐다. 지금도 여전히 현역에서 왕성하게 활동을 하고 있어 햇수로 꼬박 55년 차 직장인이다. 이 회장의 일과는 커피향이 그윽한 테헤란로 선릉역 부근의 북쎄즈 복합문화공간에서 시작된다. 북쎄즈는 그가 직접 설계하고 인테리어한 공간으로 그의 소유이지만 사회적 유산으로 남기려는 공간이다. 이 회장은 감각적인 네이밍 센스를 발휘해 이곳을 '갸우뚱 공간'이라고 명명했다. 방문객에게 호기심과 궁금증을 자아내는 어프로치다. 1층과 2층을 막지 않고 계단으로 연결해 천정이 높고 넓은 시야가 확보되는 유러피안 인테리어 북카페를 지향했다. 당장이라도 캐시미어 원단의 고급 정장에 넥타이핀, 커프스 버튼과 행커치프 등으로 한껏 중무장한 유럽의 지식인들이 격렬한 논쟁을 펼칠 만한 살롱풍의 고급 카페 디자인이다.

1층에는 베이커리 카페와 아티언스(Artience: Art+Science) 책방이 자리 잡고 있다. 주로 인문학과 과학 콘텐츠가 수록된 책들로 전시돼 있다. 직접 빵을 굽고 브런치 메뉴도 제공된다. 계단으로 연결된 2층은 두꺼운 전문 서적들이 빼곡하게 꽂혀 한눈에 봐도 작은 도서관이다. 곧 통찰 경영과 리더십을 테마로 삼는 연구소와 본격적인 도서관으로 리뉴얼 예정이다. 이승한 회장의 지혜가 빚어지고 있는 통찰경영연구소가 이곳에 자리 잡고 있다. 왜 복합문화공간을 지향하느냐 하면, 쟁쟁한 지식 멘토가 펼치는 인문학 특강과 북콘서트는 물론, 지휘자 금난새를 비롯한 유명 예술가들의 다양한 문화예술 공연, 인문학 포럼, 각종 비즈니스 미팅까지 가능하기 때문이다. 이승한 회장의 정성이 담긴 통찰경영연구소에서 마시는 커피 맛과 경영 지혜의 담론에 빠져 순식간에 시간이 성큼 지나간다. 그가 설파하는 통찰 경영이란 경영 입문에서 졸업의 모든 과정에 경영의 요체가 담겨 있는 지혜의 바다나 다름없다. 통찰력을 의미하는 영어 단어 Insight는 Into와 Sight의 합성어다. '깊게 들여다본다'는 뜻에서 유래했다. 비슷한 용어인 '인사이트 경영(Insight Management)의 트렌드는 벌써 십수 년의 연륜을 자랑하고 있지만, 이 회장의 통찰 경영은 표현만 비슷할 뿐, 경지와 범위에서는 하늘과 땅만큼 차이가 벌어진다. 이 회장이 들려준 바에 따르면 홈플러스 그룹 회장 퇴임 이후 대기업을 이끌던 CEO로서의 행보는 멈췄지만, 삶의 궤적은 더 넓어졌다.

"삼성과 홈플러스에서 도합 43년 동안 성공을 추구하는 비즈(Biz.) 라이프를 좇았습니다. 가장 바빴고 늘 시간에 쫓겨 살았죠. 홈플러스 이후에는 의미 있는 삶을 추구했다고 볼 수 있습니다. 성공이 목표가 아니라 삶의 의미가 목표라는 점에서 당연히 달라진 점이 많습니다. 무엇을 할 것인가라는 깊은 고민에서 후배나 후진들에게 물려줄 자산들을 정리했죠."

삼성그룹 회장 비서실에서 오래 근무한 그의 커리어를 살펴보면 얼마나 긴박했던 젊은 시절이었는지 짐작이 간다. 그룹의 핵심 중추에서 살아온 하루하루는 긴장의 연속이자, 때론 날이 바짝 선 일과였을 것이다. 그토록 날카롭게 벼려진 청년 이승한은 결국 삼성그룹 계열사 CEO로 올라섰고, 마침내 홈플러스 그룹 회장으로서 경영의 정점에 섰다. 얼핏 화려했지만 달리 생각해보면 한없이 내려놓고 싶었던 고된 짐이었을지도 모른다.

사회 환원, 보스턴에서 영감을 찾다

"내 삶의 의미를 어디서 찾을까, 고민을 거듭하다가 미국으로 훌쩍 떠났습니다. 보스턴대학교의 연구교수로서 일하며, 개인 이름을 달고 SH 라운드 테이블(SH Round Table)을 운영하기도 했습니다."

젊은 시절 치열했던 이 회장의 커리어이자 브랜드 가치를 미국 학계에서도 인정한 것이다.

"제가 그동안 축적했던 수많은 경험과 지혜들을 아카이브로 남겨야겠다는 생각이 들었습니다. 저 역시 사회로부터 많은 편의와 특전을 받았으니 받은 만큼 되돌려줘야 한다는 발상에서 비롯됐죠. 작은 도움의 불씨를 지피는 것이 중요하다고 생각한거죠."

스스로 뼈를 깎는 인내와 시간을 아낀 노력으로 쟁취한 결실이건만, 이 회장은 전부 사회로부터 받은 것이라고 단번에 정리한다. 자그마한 성취마저 과대 포장하는 것이 세간의 좁은 소견이지만, 역시 그릇의 크기부터 달라야 생각이 깊게 담긴다.

"보스턴 시절, 시립도서관에 자주 갔습니다. 한번은 도서관 근처에 있는 공원에서 산책하고 있는데, 레바논 출신의 세계적인 철학자이자 시인(詩人) 칼릴 지브란의 글귀를 발견했어요. 지브란도 보스턴에서 오래 살았답니다. 글의 골자는 '작은 도움을 주는 삶'이었죠. 거기서 크게 영감을 받았습니다. 이제는 내가 사회에 도움을 줄 차례라는 생각이 더 굳어졌어요. 귀국해서 그동안 쌓은 경험과 내가 가진 지식들을 정리해서 강연도 하고 책도 쓰고 각종 모임도 만들었습니다. 다양한 분들에게 경험을 전수하고 지혜를 나눠주고 긍정적인 교류를 맺어주는 동안 삶의 본질적 의미가 찾아지게 되더군요. 사회생활을 하는 동안 우리는 모두 혼자 살 수 없는 존재들입니다. 공동체로부터 받은 것을 다시 더 크게 되돌려주면서 긍정적인 기여를 해야 행복한 삶을 추구할 수 있게 됩니다."

한 분야에서 오랫동안 머물러 경지에 오르게 되면 철학자가 된다더니, 이 회장이야말로 진정한 경영철학자이다. 가뜩이나 명성이 자자한 'CEO 이승한'의 브랜드는 경영 멘토로서 활동을 시작하자마자 가치가 더욱 상승하기 시작했다. 하지만 이 회장은 자신의 네임 밸류를 개인적인 욕심으로 활용하지 않고 철저하게 사회적 공기(公器)로 승화했다. 복합문화공간 북쌔즈를 오픈한 것도 비즈니스가 아니라 사회 환원의 근거지로 정착시키기 위한 목적에서 비롯됐다.

경영멘토가 주창하는 통찰 경영

"현재 한국 사회에는 기업가 정신이 실종되었다고 할 수 있습니다. 과거 가난했던 시절을 딛고 풍요로운 나라가 되었다지만 기업에 대한 부정적 인식이 고착되어 있고 남들이 하는 것을 따라 하는 모방경제 모델만 즐비합니다. 개혁에 대한 의지도 없어요. 이대로 가면 다른 나라들에게 따라잡히는 것은 물론, 뒤처진 모델이 되기 알맞습니다. 결단이 필요합니다."

이승한 회장이 진단한 한국 사회는 당장 개혁이 필요한 위기 요인들로 넘쳐난다. 방금 그가 비판한 기업가 정신 실종 외에도 바닥까지 추락한 노동생산성, 세대·계층·노사·젠더·지역 등 사회 갈등의 심화, 규제 일변도 경제정책, 인성교육을 도외시한 파행적 교육시스템, 높은 가계부채, 소멸 위기의 인구감소 현상, 여전히 고조되는 전쟁 위협 등 조목조목 열거되는 것들마다 고개를 주억거릴 수밖에 없는 항목들이다.

"총체적 위기라고 정리할 수 있습니다. 원인이 다양한 사회 병리 현상이야 단번에 해결할 수 없다고 해도, 리더 그룹의 자각이 당장 필요합니다. 심각한 위기의식을 갖고 폭넓은 시야와 정확한 안목으로 해법을 마련해야 합니다. 지금 대책을 마련하지 않으면 나중에는 손쓸 사이도 없이 몰락하는 장면을 맥없이 지켜봐야 할지도 몰라요. 지금 리더에게 필요한 것은 위기의식(Sense of Crisis)과 절박감(Sense of Urgency)입니다."

그래서 이 회장은 기업을 경영하는 리더들의 자발적 노력과 헌신의 자세가 필요하다고 역설한다. 그러기 위해서는 우선 리더들의 자질과 역량을 끌어올려야 한다는 것이다.

"어설픈 리더의 지휘가 구성원들을 더 안 좋은 방향으로 인도할 수 있습니다. 리더의 품성이나 지식의 깊이가 먼저 완성되고 체계화되어야 좋은 안내자가 될 수 있죠."

이 회장이 주장한 통찰 경영은 철저하게 리더들을 위한 매뉴얼이다. 이 회장에 따르면 우선 민간의 리더, 즉 기업의 CEO들이 제대로 된 교육 콘텐츠로 공부하고 역량을 함양해야 한다. 한 번 듣는 것으로는 완전하지도, 안전하지도 못하기 때문에, 자신의 것으로 육화될 때까지 반복해서 공부하는 인내의 과정이 완성도를 높이는 유일한 길이다.

"제가 정리한 통찰 경영은 총 6개의 챕터로 구성되어 있습니다. 입문 교양 코스인 '경영의 문을 들어가며(Enter the Gate)'와 마지막 수료 코스인 '경영의 문을 나가며(Leave the Gate)'까지 포함하면 총 8개의 단계입니다. 이 모든 과정에 조직을 강하게, 그리고 바르게 이끄는 방법과 긍정적으로 발전시켜 나가는 경영 지혜가 녹아 있습니다. 오랜 시간 경영 현장에서 체득한 경험과 쉬지 않고 공부한 뒤에 강단에서 많은 사람들에게 설파했던 지식들을 정리한 결실입니다."

이 회장은 경영에 대한 개념이 자리를 잡으면, 다음은 사물과 현상에 대한 정확한 파악이 다음 순서라고 안내한다. 1단계 '변화의 물결'이다. 지금이 어떤 시기인지 알아야 하기 때문에, When이라는 부제가 달려 있다. '경영은 변화를 찾아내면서 시작된다'는 슬로건까지 붙어 있다. 이 단계에서는 변화의 유형과 패러다임을 아는 것이 중요하다. 디지털 대전환, AI 대전환, 공급망 대전환, 녹색 대전환, 인구 대전환, 사회 대전환 등 글로벌 시야에서 사회적 변화들을 정확하게 읽고 이해한 뒤, 트렌드의 변화까지 감지해야 한다. 리더가 지금이 어떤 시기인지 모르면 시대에 뒤처진 방안을 내놓고 소모적인 시행착오를 되풀이

할 수밖에 없다. 2단계는 '비전과 목표', 즉 무엇(What)을 설정해야 하는지 아는 순서다. '보이지 않는 저 너머를 보라'는 슬로건 메시지가 심상치 않다. 이 단계에서는 고객 만족, 인프라 구축, 경쟁력 강화, 인재 육성, 환경·사회, 재무적 성과 등 기업 경영에서 필요한 비전과 목표들을 정확히 수립하는 지혜를 알게 된다. 3단계는 '이기는 전략'으로 싸우지 않고도 이기는 선승구전(先勝求戰)의 전략이다. 어떻게 이겨야 하는지 알려주는 순서다. 차별화 전략, 혁신 전략, 창조 전략, 역량 전략, 협업 전략, 신뢰 전략 등 경영의 정수가 담긴 지식과 실천 전략이 담겨 있다. 4단계는 '행동 방식(Why)'이다. 행동 방식을 왜 그렇게 지향해야 하는지 알려주는 단계다. 고객 가치, 직원 가치, 협력회사 가치, 지역사회 가치, 국가인류 가치, 주주가치 등 경영이 추구하는 핵심가치들을 총망라해 놓음으로써 혹시라도 자신에게 변변한 네트워크 인프라가 구축되어 있지 않다면 이 단원에서 해답을 찾을 수 있다. 5단계는 '환경과 사회'다. 최근 글로벌 국제사회 어젠다이기도 한 ESG에 대한 모든 지식을 집약시켰다. 마지막 6단계는 '됨됨이 리더십'이다. 그냥 리더십이 아니라 됨됨이 리더십이라는 표현에서부터 호기심이 자극된다. 한국인 특유의 K-리더십의 본질은 물론, 구성원들의 공감을 이끌어내는 소통 리더십까지 집중적으로 배우는 과정이다.

지혜는 배우고 실천하는 것

"지식은 머릿속에 담아두는 것만으로도 의미가 있습니다. 그 자체로 콘텐츠이기 때문이죠. 하지만 실제 현실에서 도움이 될지는 미지수입니다. 책을 많이 읽어도 행동이 달라지지 않는 사람은 지식만 담기 때문입니다. 지혜는 다른 개념이죠. 실천해야 비로소 존재감을 획득합니다. '소귀에 경 읽기'라는 속담은 저마다 학습 능력이 달라서 지식을 담기 힘든 것을 표현하지만, '소 잃고 외양간 고친다'는 속담은 지혜가 한 톨도 없는 것을 나타내죠. 외양간 고치는 방법을 알아도 순서가 잘못되면 이처럼 낭패를 보기 십상입니다. 실제 경영 현장에서는 많이 배우고 똑똑한 사람들마저 똑같은 시행착오를 저지르는 것을 볼 수 있는데, 모두 경영 지혜가 없기 때문입니다."

영원한 현역일 것처럼 패기만만하고 여유가 넘치는 이승한 회장도 경영 멘토의 역할을 수행하면서, 답답한 현실에 대한 개탄이 늘었다. 뻔히 정답이 보이는 데도 잘못된 길로 가는 꼴을 보고 있자니 애가 타는 것은 당연하다. 이 회장은 그래서 가르치는 것에서 머물지 않고 실천을 점검하고 평가하는 역할까지 자처한다. 일대일 혹은 단체 피드백을 통해서, 학습을 통해 배운 부분에 대해 놓치는 것이 있으면 짚어주고 다시 일깨워준다. 진정한 멘토로서 육화되는 과정을 직접 확인하는 것이다. 이 회장은 지혜를 전수하는 데 있어서 진지한 스승이지만, 늘 적당한 유머와 냉철한 현실을 섞어 들려주며 학습의 재미를 더해준다. 지혜를 습득하는데, 이처럼 적당한 균형은 확실한 각인 효과를 보장한다.

"과거 우리나라가 산업화 과정에서 도약의 지렛대로 삼은 게 세 가지 있습니다. 인정하기 싫어도 냉철하게 현실을 인식해야 발전이 있다는 점에서 한 번 짚고 넘어가죠. 바로 BTS + Gold입니다. B는 피의 댓가(Blood)입니다. 베트남 전쟁에서 우리 젊은 군인들이 흘린 피의 댓가로 미국의 원조를 받아 산업의 중추를 마련했습니다. T는 눈물(Tears)입니다. 독일로 간 광부와 간호사들의 눈물로 차관을 얻어서 공장의 기계들이 돌아갔습니다. S는 땀(Sweat)입니다. 중동 건설 붐을 타고 사막에서 땀 흘리며 벌어들인 돈으로 국가적인 호황을 맞았습니다. 안방에 컬러 텔레비전이 놓이고, 프로야구 경기를 시청하며 냉장고의 아이스크림을 꺼내먹을 수 있었던 배경에 우리 건설 노동자들의 땀이 있었다는 사실을 잊지 말아야 합니다. Gold는 금입니다. IMF 관리에 들어갔던 국가부도 위기 상황에서 전국민적으로 금 모으기 캠페인이 펼쳐져 외환 위기 극복의 단초가 마련됐습니다. 실질적으로 국가경제에도 도움이 됐고, 국민 단합의 계기도 됐으니 일석이조의 효과를 거둔 셈이죠."

이처럼 우리나라가 경제 강국으로 올라선 현대사를 되짚어보면 서글픈 추억 투성이다. 이 회장은 우리 국민들이 지나간 시절을 '육체의 힘'으로 버텨왔다면, 이제는 두뇌와 정신의 힘, 즉 브레인 파워(Brain Power)와 컬처 이펙트(Culture Effect)로 헤쳐 나가야 한다고 강조한다.

"그러기 위해서는 실종된 기업가 정신을 되살리는 것이 급선무입니다. 우선 규제부터 간소화하는 조치가 필요합니다. 예전보다 많이 나아졌다고 하지만, 글로벌 무대에서 우리의 경쟁상대들은 정부의 파격적인 지원을 받고 있는데, 우리 기업들은 아직도 규제에 허덕이며 손발이 묶인 형국입니다. 무슨 힘으로 다른 나라 기업들과 승부를 겨룰 수 있겠습니까?"

실제로 기업인들은 다른 나라의 경우, 정부가 나서서 기업에게 잔뜩 '영양 보충'을 해주고 '보약'까지 들려서 시합에 내보내는데, 우리는 발목에 모래주머니를 주렁주렁 매달고 나가야 하는 판이라며 볼멘 소리를 내고 있다.

"시장경제를 표방하면서 규제가 많은 모순적 현실은 '씨 없는 수박 경제구조'라고 할 수 있어요. 자유롭게 창업하고 성장할 수 없는 불임구조를 개선하지 않는다면 우리는 차츰 글로벌 경쟁력을 잃게 됩니다.

사회주의 국가체제인 중국이 우리보다 시장경제를 더 잘하고 있는 것처럼 보이는 데, 이거야말로 웃지 못할 아이러니 아닙니까?"

쓴소리를 아무리 쏟아내도 타당하게 들리는 이유는 정확하게 핵심을 짚고 있기 때문이다. 강단에서 수십 년을 강의한 베테랑 교수들의 현란한 지식들도 이 회장에 비하면 공허하게 들린다. 현장의 경험은 이처럼 근거를 획득하는 강력한 자산이다.

이승한 회장은 기업가 정신의 실종보다 심각한 문제는 '애국심의 실종'이라고 단언한다. 기업가 정신의 바탕에는 공동체의 정체성, 곧 명확한 아이덴티티가 있어야 하는데, 다원화 사회로 접어든 우리의 경우

애국심이 그 역할을 한다고 강조한다. 과거에는 단일민족이라는 인식이 있어서 민족주의가 자연스럽게 애국심으로 이어졌지만, 이제 애국심의 회복에는 여러 가지 불쏘시개가 필요하다는 것. 예전 산업보국의 표어가 공장마다 나부끼던 시절에는 국가가 나에게 무엇을 해주기 전에 내가 국가를 위해 무엇을 할 것인가 고민해야 했지만, 지금은 무엇을 해주는 게 올바른 국가의 역할인지 고민해보고, 특히 기업이 고용을 창출하는 동시에 기술을 개발해 수익을 내고 세수에 기여할 수 있도록 독려하고 지원하는 정책이 필요하다는 것이다.

경제는 분위기, 소비심리가 중요

이승한 회장은 우리나라는 전통적으로 수출에 의존해온 구조였지만, 최근에는 특히 내수 경기가 너무 나빠서 소비심리까지 위축된 상황이 걱정이다. 소비를 살려야 내수기업이 살아나고 고용이 유지돼 지역경제가 돌아가는데, 정부의 내수 정책이 아쉽다는 의견이다.

"소비심리를 살리기 위해 긴급 자금을 투입하는 것은 단기적인 미봉책이죠. 일시적인 효과만 있을뿐 장기적인 대책이 되지 못합니다. 불확실성을 해소하는 것이 가장 근본적인 방법입니다. 정권이 바뀔 때마다 경제 정책이 뒤바뀌는 것은 기업들에게 투자를 하지 말라는 신호나 다름 없어요. 한 번 정책을 세우고 경제계획이 진행되면 최소한 몇 년은 지속되어야 예측이 가능해집니다. 민간이 정부를 불신하고 장기적 플랜을 세우지 못하면, 내수 회복은 어렵습니다."

이 회장의 말처럼 최근 새로 창업하는 기업의 규모는 외형적으로 한마디로 보잘 것이 없는게 현실이다. 설비에 대한 투자 리스크를 걱정하다 보니, 제조업 창업은 그야말로 씨가 말랐다. 모두 불확실성이 심한 정국에서 설비 투자를 꺼리는 데서 원인을 찾아볼 수 있다. 가뜩이나 인건비 부담 때문에 동남아나 남미, 심지어 동유럽까지 제조 설비를 옮기고 있는 현상이 심화된 마당에 신규 창업마저 없으니 내수의 젖줄이 마르고 있는 형국이다.

"국가 경제를 걱정하고 정책을 세우는 사람들일수록 기업 경영을 반드시 알아야 합니다. 우리처럼 시장 경제를 내세우는 나라에서는 거시 경제의 근간이 민간이기 때문입니다. 민간 기업의 어려운 경영 현실에 대해 실체를 정확히 알아야 국가 경제도 덩달아 건전해질 수 있습니다. 입장이 달라 보이지만 경제 주체들은 밀접한 연관성이 있기 때문이죠."

이 회장은 경영의 진수는 통찰력과 통합력이라고 강조한다. 사물을 조명력, 선견력, 현시력이라는 세가지 시선으로 이해하고 새로운 가치와 해결책을 제시하는 통찰력에 더해, 경영이 한방향으로 일사불란하게 움직이게 하는 통합력이 경영의 2가지 핵심이라는 것이다. 이 회장의 신간, '인문과 과학으로 보는 통찰경영'에서 이를 보다 체계적으로 이해할 수 있다.

하루에도 수없이 많은 기업들이 죽고 사는 치열한 경영 현장, 수십년의 경험을 전장에서 보낸 이승한 회장이 CEO들의 멘토를 자처하는 이유는 '살아남는 방법'을 알려줘야 하기 때문이다. 경영 지혜는 소위 폼잡는 '뜬구름 지식'이 아니라 생존의 '응급처치 요령'이자 기업의 건전성을 지키는 '명약 처방전'이다. 이승한 회장처럼 실전 경험이 풍부한 진짜 멘토들이 오래도록 기업인들에게 존경받고, 앞다퉈 지혜를 전수받는 분위기 조성이 시급하다.

이승한 회장은...

삼성물산 유통부문 대표, 홈플러스 창업회장, N&P그룹 회장, 유엔글로벌 콤팩트 한국협회장, 창의서울포럼 대표, 숙명여대재단 이사장, 서울사이버대학 석좌교수, 하버드대학 치과대학(HSDH)운영이사, 체인스토어협회장

ICT 코리아 싹을 틔운
디지털 개척자

한국CEO경영대상
우리 시대의 리더 부문

이주용 KCC정보통신 회장

최근 중국이 오픈소스 AI(인공지능) '딥시크'를 시장에 내놓자 세계 각국 정부와 ICT 업계 관계자들은 그야말로 혼돈의 도가니에 빠졌다. 전문가들과 유저들이 시험 사용해본 결과, 예상을 뛰어넘는 성능도 성능이지만 개발비용이 더 큰 충격을 던졌다. 각 언론에 보도된 딥시크 공식 개발비는 80억 원, 미국이 자랑하는 인공지능 '챗지피티포(GPT-4)' 개발비의 18분의 1, 메타가 개발한 AI 모델 '라마3' 개발비의 10분의 1에 불과한 금액에, 감탄과 의문의 두 가지 상반된 반응이 동시에 터져 나왔다. ICT 강국을 자처하던 우리나라도 '딥시크 폭풍'에 머리를 흔드는 상황은 마찬가지. 삼성과 LG 등 관련 분야 대기업은 물론이고, 인공지능을 활용한 각종 스마트 ICT기술을 개발하고 있는 중소기업, 스타트업 관계자들 사이에 "우리는 그동안 뭐하고 있었냐?"는 자조 섞인 푸념이 저절로 새어나왔다. 그동안 유튜브에는 "한국에 가면 초고속인터넷망을 통해 언제든지 모든 디바이스 기기로 컴퓨팅을 할 수 있다."는 속칭 '국뽕' 가득한 영상들이 잔뜩 올라와 근거 없는 자부심에 차 있었으니, 전자·정보통신에 대한 전문지식이 부족한 일반인들은 딥시크 충격의 여파가 어리둥절할 수밖에 없다. 반세기 이상 대한민국 컴퓨터 관련 산업의 중심에 서서 '컴맹'을 혁파했던, KCC정보통신 이주용 회장이 30여 년만 더 젊었더라면 당장이라도 소매를 걷어붙였을 것이다.

이주용 KCC정보통신 회장은 지난 1967년 우리나라에 처음으로 컴퓨터를 도입한 주인공이다. 세계적인 글로벌 ICT기업 IBM의 첫 번째 한국인 직원이기도 하다. 이 회장이 미국에서 공부를 마친 뒤 현지에서 근무하던 생활을 접고 귀국할 당시만 하더라도 우리나라는 컴퓨터와 관련해서 황무지나 다름없었다. 그렇게 많이 거슬러 올라갈 것도 없이 불과 1990년대 만 하더라도 컴퓨터는 사람들의 일상에서 그렇게 익숙한 '기계'가 아니었다. 대형 언론사나 출판사에서 글을 쓰는 타자기 대신 사용하거나, 디자인 관련 종사자들의 전문 도구, 혹은 정보를 통합 관리하는 공공기관, 대기업의 전산실에서나 찾아볼 수 있던 특별한 특수장치쯤으로 여겼던 게 전부였다. 심지어 빠른 연산력 덕분에 주판이나 전자계산기 대용으로 여겼던 이들도 있었으니, 지금 수만여 개에 달하는 ICT산업 관련 기업 숫자나 무려 2백만 명이 넘는 종사자들 현황과 비교하면 '뽕나무밭(상전 桑田)'이 '푸른 바다(벽해 碧海)'로 변했다고 해도 과언이 아니다.

뒤처지는 ICT산업, 주도권 회복이 급선무

2024년 과학기술정보통신부가 발간한 [2024 정보통신산업의 진흥에 관한 연차보고서]에 따르면, 2022년 현재 기준 ICT산업 종사자들 숫자는 203만 3천명에 달한다. 정부 발간물이 흔히 그렇듯 다소 시기가 늦는 통계를 감안하고 들여다본 국가 통계는 현재 전문가들이 느끼는 위기 상황과 조금 거리가 있다. 세계 디지털경쟁력 지수에서 2023년 기준 6위, 글로벌 인공지능 지수에서도 2023년 기준 6위 OECD 국가 인터넷 접속 가구 비율에서는 세계 1위를 차지했다. ICT관련 경제 통계를 보면 ICT산업 실질 GDP는 2023년 기준 261조 3천억 원, 전산업 대비 ICT 비중은 2023년 기준 11.6%로 나타났다. 요약하면 통신망은 집집마다 촘촘이 잘 깔려 있지만, 인터넷 이용률에 비해 ICT산업 비중은 아직까지 압도적인 상황은 아니라는 것. 인구 대비 관련업계 종사자들 숫자는 많지만 시장의 주도권을 쥐게 될 전문 연구인력은 부족한 숫자다. 종사자들이 많다고 모두 전문 연구인력은 아니기 때문이다. 관련업계 전문가들과 언론에서는 조금만 더 늦으면 시대에 뒤처지게 될 것이라고 호들갑의 경고를 보내지만, 이 회장은 오히려 따뜻한 격려를 보낸다.

"우리나라는 어느 산업 분야건 척박한 풍토를 딛고 끈기와 정신력으로 이겨내 당당하게 세계 시장에서 성과를 냈습니다. 전쟁 이후 피폐한 국토, 부족한 인프라, 최악의 경제환경 등 어느 것 하나 성한 것이 없을 정도로 어려웠고, 너나없이 먹고 살 걱정에 날이 지고 샜습니다. 컴퓨터 산업이라고 다를 게 있나요? 컴퓨터 하나 없던 나라에서 지금은 이만큼이라도 세계 무대에 어깨를 펴고 있으니 다시 시작하면 됩니다. 뒤처진 거야 노력으로 따라잡으면 될 일이고, 문제는 흔들리지 않는 의지와 단합된 힘입니다."

우리 국민들이 단합된 힘으로 산업화와 민주화를 이루고, 세계 시장에서 겨루는 선진국 대열에 올라섰으니, 다시 한번 똘똘 뭉쳐 지혜를 모으면 안될 일이 없다는 게 그의 생각이다.

이주용 회장은 1953년 경기고를 졸업한 뒤 서울대학교 사회학과 2학년을 다니던 중 일찌감치 유학길에 나섰다. 미국 미시간대 경제학과를 졸업하고 한국인으로는 처음으로 미국 IBM에 취업하면서 컴퓨터라는 새로운 문명이기를 접했다. 당시 패기만만했던 한국 청년 이주용은 회사의 코볼(Common Business Oriented Language) 언어 개발팀에 참여해 미국에서 컴퓨터에서 사용하는 소프트웨어 전문 연구인력으로 성장했다. 미국에서 잘나갈 것만 같았던 그가 휴가차 잠시 고국에 귀국한 게 국내 컴퓨터 산업을 개척한 계기가 되었다. 한국에 국내 1호 컴퓨터인 일본 후지쓰의 '파콤 222'를 들여온 장본인도 이주용 회장이었다.

이후 각 언론에서 그를 '한국 정보통신(IT) 산업의 문익점'으로 부르게 된 배경이다.

1호 컴퓨터 도입, 소프트웨어 기업 1호 설립

소프트웨어 산업 유공자로는 처음으로 지난 2016년 금탑산업훈장까지 받은 이주용 회장의 발자취에는 '최초'라는 수식어가 따라다녔다. 1960년 IBM에 입사할 당시 IBM에서 그에게 제안했던 기본 월급은, 자신의 전공을 살린 은행권 취직과 비교했을 때 약 100달러 가량이 적었다. 하지만 컴퓨터의 미래 가치를 높이 평가해 이곳에서 근무할 것을 결심한 이 회장은 'IBM에 입사한 최초의 한국인'이라는 수식어가 중요했다. 고국을 대표해 막중한 책임감까지 느낄 정도였다. 1962년 10월 중순, 이주용 회장은 7년 만에 고국 땅을 밟게 된다. 희망했던 덴마크 파견이 뜻하지 않게 좌절된 이후 회사에서 6개월간의 휴가와 여비를 배려해준 덕분이었다. 당시 대한민국은 전쟁의 아픔과 가난을 딛고 차츰 경제 성장을 이뤄가고 있었지만, 이주용 회장의 눈에는 부족한 것 투성이었다.

"귀국하는 비행기에서 내려다보는 우리나라의 모습이 벌거숭이 민둥산이라 마음이 아팠습니다. 당시 1인당 국민 소득이 78불이었는데 제 연봉은 이보다 120배 정도 많은 수준이었죠. 제 전문 분야인 컴퓨터를 고국에 들여와야겠다고 결심한 순간이었습니다."

이 회장은 컴퓨터 산업의 불모지인 대한민국에 IBM이 큰 도움을 줄 수 있다는 생각에 IBM 왓슨 회장에게 편지를 썼다. 한국의 당시 경제 상황을 핵심적으로 요약하고, 왜 IBM이 지금 한국에 진출해야 하는지 설득하는 내용이었다. 말단직원이 회장에게 쓴 한 장의 편지는 뜻밖에 대단한 반향을 불러일으켰다. 왓슨 회장은 이주용 회장과는 일면식도 없었지만 가족들이 한국과 인연이 있었기에 이 회장의 의견에 대해 높은

관심을 보였다. 당시 정치 상황과 법리적인 문제 때문에 어려움이 많았지만 이주용 회장은 마침내 IBM 한국지사의 대표 자격을 얻게 됐다.

"최고급 호텔이었던 반도 호텔 840호가 제 집무실이었죠. 좋은 조건에서 호화롭게 시작했지만 IBM이라는 이름을 듣고 여행사 정도로 인식하는 현실을 도저히 극복할 수 없었어요. 결국 1년여 만에 미국인에게 대표 자리를 넘겨주고 미국으로 돌아왔습니다."

미국에 돌아와 잠시 근무하던 이주용 회장은 결국 미국 생활을 완전히 정리하고 고국에서 창업에 나섰다. 이주용 회장이 1967년 한국생산성본부 산하 우리나라 최초의 데이터센터로 설립된 '한국전자계산소'가 현재의 KCC정보통신 전신이다. 한국전자계산소의 초대소장을 맡게된 이주용 회장은 선박 설계 소프트웨어를 국산화했고, 한국은행을 비롯한 금융 업무 전산화와 기업 전산화까지 차근차근 일궈냈다. 하지만 사업 초기 모든 계획이 순항했던 것은 아니다. 야심찬 계획과 달리

사업을 전개하기 어려운 환경이 그를 가로막았다.

"전산화가 이뤄지면 일자리가 없어질까 두려워한 은행 직원들이 전표 뭉치를 책상 속에 감추기도 하고, 회계가 투명하지 못하던 시대라 전산화로 투명하게 될 수 없는 사정이 있던 회사들은 전산화를 꺼려서 사업을 펼치기 어려운 환경이었습니다."

이 회장에게 사업 존립에 대한 고민이 깊어가던 무렵, 미국 상업용 컴퓨터 업체 유니백(Univac)이라는 기업에서 스카우트 제의를 해오면서 잠시 흔들리기도 했다고 털어놓는다. 이때 아내인 최기주 여사의 조언이 마음을 다잡는 계기가 됐다.

"아내는 화려한 삶보다 의미 있는 삶이 더 가치있다고 격려해 주더군요. 우리나라 컴퓨터 산업을 일구겠다고 결심했으면 어려워도 계속 밀고 가라며 제 뜻을 지지해줬습니다."

결국 스카웃 제의를 거절한 대신 10만 달러의 연봉을 받고 고문을 맡기로 했다. 사업도 계속하면서 자금 위기도 넘긴 '신의 한 수'였다.

산을 넘고 물을 건넜던 주민등록번호 전산화

이주용 회장과 KCC정보통신은 주민등록 전산화 사업을 시작으로 철도승차권 예약판매 시스템 구축, 김포세관 전산화, 국민투표 전산화 등 다양한 분야에서 데이터 전산화를 이뤄낸 국내 데이터관리 산업의 선구자다.

오늘날의 주민등록번호 관리 시스템을 개발한 것도 이주용 회장의 작품이었다. 당시 모든 산업 분야에서 일본을 뒤따르기 바빴던 우리나라가 유일하게 일본보다 7년이나 앞서 이뤄낸 야심찬 프로젝트였다.

"1968년 김신조 침투 사건 이후 안보에 대한 중요성을 느낀 정부가 주민등록 전산화 작업을 기획했습니다. 1975년에 처음 이 일을 맡게 되었을 때 대상이 되는 18세 이상 인구가 2000만 명이었죠. 처음에는 못한다고 손사래를 쳤어요."

주민등록전산화 작업은 당시 KCC정보통신의 회사 규모에 비해 너무도 방대한 일이었다. 단 하나의 실수로도 엄청난 결과를 불러일으킬 수 있는 일이었다. 주변의 설득과 국가숙원사업에 대한 책임감이 아니었다면 아마 포기했을 것이라고 이주용 회장은 회상한다.

"숫자 하나를 틀리면 남자가 여자가 되고 어린이가 할아버지가 될 수도 있는 일이었죠. 실수로 인한 오류를 확인할 수 있어야 했고 북한에서 침투할 때 가짜 주민등록번호를 만들 것에도 대비해야 했어요. 이에 체크 디지트를 개발해 주민등록번호에 적용했죠."

체크 디지트(Check Degit)는 주민등록번호의 모든 번호를 특정한 연산에 대입하면 동일한 숫자가 나타나도록 만든 일종의 오류 검사 시스템이다. 현재 대한민국 국민에게 부여되는 주민등록번호는 초기에 12자리로 만들어졌지만, 체크 디지트를 도입하면서 13자리로 다시 태어났다. 이주용 회장은 자칫 국가 안보와도 직결될 수 있는 이 연산에 대해 아무도 몰라야 한다는 이유로 호주에서 체크 디지트 연산을 개발해 들여왔다. 지금은 많은 나라에서 주민등록번호에 체크 디지트를 도입하지만, 당시로서는 최초의 시도였다고 이 회장은 회상한다. 미국의 사회보장번호(Social Security Number)에도 도입되지 않은 기술이었고, 이후 일본이 도입한 것보다 무려 7년여가 빠른 시기였다.

대한민국 산업발전에 기여한 온라인

주민등록번호 전산화 이후에도 컴퓨터를 이용한 발전의 현장에는 언제나 KCC정보통신이 함께 했다. 1980년에 김포공항 실시간 온라인 전산화를 일본보다 5년 앞서 성공시켰고, 1981년에는 철도청의 승차권 판매를 온라인화하여 예약관리 체제로 변경하는 제한 입찰에 뛰어들었다. IBM, 유니백, FACOM, 히타치 등 굵직한 업체들과의 입찰 경쟁 끝에 5분의 1 가격으로 입찰에 성공했고, 새마을호 열차에 처음 적용한 후 모든 열차에 확대 적용하며 예산을 대폭 절감할 수 있었다.

대한민국 산업 발전에 대한 KCC정보통신의 공로는 비단 각종 정부 시스템의 전산화에만 그치지 않았다. 건설업이나 조선업 등 국내 기업들이 해외에서 수출고를 올릴 때 기술적인 지원을 도맡았던 것이다. KCC정보통신이 진행해온 각종 전산화 작업들에 비해서 결코 적지 않은 성과임에도 널리 알려지지 않았던 내용들이다.

"해외 건설 현장에서 국내 기업들이 PERT/CPM 등 공정관리에 저희 기술력이 동원됐죠. 건설업에 컴퓨터가 동원되던 과도기적인 시기였지만 특히 사우디나 쿠웨이트 같은 중동 국가에서는 컴퓨터를 이용하지 않으면 수주도 할 수 없는 시기였으니까요. 현대건설이나 동아건설 등 굵직한 건설사들도 KCC를 통해야만 했습니다."

조선업에서도 KCC는 기술 발전에 많은 기여를 했다. 전적으로 일본의 조선 기술에 의존하던 시기였다. 이주용 회장은 노르웨이의 최신 설계 기술을 도입하여 이를 국산화하고 유조선과 같은 대형선박 설계

이주용 KCC정보통신 회장

에 활용하도록 만들어 기술 독립을 이루어냈다. 1983년 KBS '이산가족 찾기 방송'에도 KCC의 컴퓨터가 동원되었다.

해외 용역 수출 또한 이주용 회장이 국가 발전에 크게 이바지한 부분 중 하나였다. 1968년 당시 경제수석이었던 김학렬 씨와 우연한 자리에서 만나 키펀치(Key Punch)를 활용한 EDPS 용역 수출에 대해 이야기를 나누었는데, 청와대 수출 확대회의에서 공식적으로 언급이 되며 추진된 일이었다.

이주용 회장은 천공기를 통해 컴퓨터용 카드에 구멍을 뚫어 데이터베이스를 만드는 키 펀칭 작업을 통해 많은 외화를 벌어들일 수 있었다. 일본에서는 교원공제회의 마스터파일 작성, 법무성의 출입국관리 카드 정리, 특허청의 특허 자료 전산화 작업 등을 수행했다. 미국에서도 재판기록을 전산화하는 작업을 포함해 도서관 데이터베이스, 전화번호부 등 용역 수출을 이행했다. 키펀칭 사업은 양질의 일자리를 창출하고 외화를 벌어들였을 뿐만 아니라 국내 IT 경쟁력을 크게 발전시키는 결과를 가져왔다. 세계의 중요한 데이터베이스를 구축하며 의미 있는 작업에 공헌했다는 자부심도 대단하다. 당시 정부에서는 이 회장의 공을 인정해 2년 동안 키펀칭 사업 독점권을 주려고 했지만 일언지하에 거절했다. 결과적으로 국익에 도움이 되었으니 호의를 거절한 후회는 없다.

사회와 동행하는 100년 장수기업

KCC정보통신은 IT 인재를 양성하는 일에도 전력을 기울여 왔다. 1968년 정부 EDPS(전자정보처리시스템) 요원들을 훈련시키면서부터 인재양성 프로젝트가 시작됐고, 1993년에는 KCC정보교육센터를 설립하는 등 국내에 수많은 IT 인재를 배출해 우리 산업의 중추로 자리하는데 결정적인 역할을 담당했다. 현재도 대학과 연계된 산학협력과 인턴십 프로그램을 지속적으로 추진하면서 IT전문 인력양성에 투자를 멈추지 않고 있다.

이처럼 우리 ICT 산업 역사를 거론할 때 반드시 첫 머리에 거론해야 할 이주용 회장은 이제 고령으로 경영 일선에서 한 발 물러났다. 장남인 이상현 부회장과 차남 이상훈 대표가 각각 KCC정보통신과 시스원을 맡아서 이끌며 경영을 승계했다.

"처음에는 걱정했지만, 곧 믿음으로 바뀌었습니다. 시간이 지날수록 외부로부터 인정도 받고 큰 성과를 내기 시작하더군요. 직원들과 소통도 잘하고 무엇보다 큰 그림을 그릴 줄 알게 됐지요. 지금은 나보다 더 회사를 훌륭하게 성장시킬 수 있는 리더가 됐어요."

이상현 부회장은 1990년 한국전자계산에 평사원으로 입사했으며, 본격적으로 경영을 계승한 이후에는 적극적인 사업다각화로 KCC정보통신을 성장시켜왔다. 가장 성과를 보인 분야는 자동차 수입 시장이다. 2004년에 혼다 브랜드로 자동차 판매 및 차량서비스 사업을 시작한 이래, 현재는 벤츠와 재규어 랜드로버, 포르쉐, 닛산 등 7개 브랜드를 판매하는 관계사들을 KCC오토그룹으로 따로 떼어내 분리 경영하고 있다. 차남인 시스원 이상훈 대표 또한 IT 부문 사업을 성장시키며 내실 있게 경영에 참여하고 있다. 시스원은 자동출입국관리시스템 '센트리'를 개발해 인천공항과 몽골 징기스칸 국제공항 등에 공급하는 성과 외에도 ASOCIO(세계정보서비스산업기구) IT행사 최우수 ICT기업상을 수상하는 등 여전히 든든하게 업계 선두주자 자리를 지키고 있다.

대를 이은 기부, 두 명의 아버지

이주용 회장은 지난해 대를 이은 통 큰 기부로 화제를 모았다. 덕분에 아름다운 가족 관계까지 덩달아 조명됐다. 2024년 11월 7일 울산 남구 신정동에서 울산의 첫 소프트웨어 교육 시설인 '종하이노베이션센터' 준공식이 열렸다. 지하 1층, 지상 6층, 연면적 1만 9905㎡ 규모에 도서관, 체육관, 창업 지원시설 등을 두루갖췄다. 총사업비 532억 원 중에서 건축비 전액인 330억 원은 이주용 KCC정보통신 회장이 기부했다. 이주용 회장은 자신의 기부로 마련된 센터의 준공식에서 잠시 눈시울을 밝히기도 했다.

종하이노베이션센터는 1977년 이 부지에 울산 최초의 실내체육관인 종하체육관을 지어 기부한 이 회장의 부친 故 이종하 선생의 이름을 따 명명됐다. 울산 지역의 천석꾼 부자이자 사업가였던 이종하 선생은 오래 전 자기 땅 1만2740㎡와 건축비 1억3000만 원을 기부해 체육관 건립을 가능케 했다. 기부로서는 이 회장보다 훨씬 선배인 셈이다. 건립 후 40여 년 간 울산 시민의 체육·문화시설로 사용된 종하체육관이 낡아 문제가 되자, 이번에는 그 아들 이주용 회장이 체육관을 허물고

이주용 KCC정보통신 회장

큰아들인 이상현 부회장이 대리 수상했다

창업, 교육, 문화 복합공간인 이노베이션센터를 짓기로 지난 2020년 결심했다. 이 회장의 뜻을 장남인 이상현 KCC정보통신 부회장과 차남 이상훈 시스윈 대표가 실천에 옮겼다. 기부로 재원이 마련되자 공사는 2022년 3월 시작해 약 2년 8개월의 기간을 거쳐 마침내 지난해 11월 문을 열게 된 것이다. 울산에서 태어난 이주용 회장은 사실 이종하 선생의 양자로 부자 인연을 맺었다. 친부는 초대 농림부 차관이었던 농정학자 강정택 선생이다. 강정택 차관이 자녀가 없던 자신의 외삼촌 이종하 선생에게 아들을 양자로 보낸 것이다. 친아버지와 아들이 졸지에 사촌간이 된 셈이지만, 강정택 선생은 존경하는 외삼촌을 위해 혈연까지 양보했다. 부유했지만 검소했던 사업가 양부 이종하, 농림부 초대 차관을 지내면서 우리나라 최초의 농지개혁을 입안하였던 농정학자 친부 강정택, 이주용 회장이 두 명의 아버지를 두게 된 사연이다. 이주용 회장은 1935년생이니 만으로 90세다. 평생을 개척자로 살았고 최초의 닉네임으로 화려한 인생 이력을 장식했다. 흔들리는 대한민국 ICT산업의 위기 속에서도 이 회장은 낙관의 메시지를 전한다.

"걱정 없습니다. 대한민국 사람들은 특유의 에너지로 결국 이겨낼 겁니다. 미국에서 고국행 비행기를 탔을 때 민둥산이었던 우리 산들은 울창한 산림으로 변했고, 낡은 건물과 쓰러져 가는 민가. 비만 오면 진창이었던 도로는 지금 얼마나 아름답게 잘 꾸며져 있습니까? 세계 시장에서 경쟁하는 우리 기업들의 당당한 모습을 보세요. 미국의 원조 물자로 연명하던 나라의 국격이 이만큼 올라갔으니, 이미 능력은 증명된 셈이에요. 의지와 추진력, 그리고 함께 격려하고 응원하는 공동체 의식만 흔들리지 않으면 됩니다. 반드시 힘을 내 우뚝 설 것이라고 믿습니다."

지난해 10월 25일 '2024 CEO의 날' 행사에서 조직위원회로부터 '우리 시대의 리더 대상'을 헌정받은 이주용 회장, 쓴소리나 질책보다 격려와 응원의 효과를 믿는 '따뜻한 CEO'다.

이주용 회장은...

KCC정보통신 회장, 시스원 회장, 종하장학재단 이사장, 경기고·서울대·美 미시간대학교 경제학부

멀리 보고 오래 간다
꾸준한 스페셜리스트

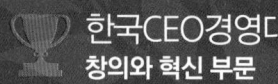

한국CEO경영대상
창의와 혁신 부문

조서윤 다원앤컴퍼니 회장

한때의 논쟁이지만 "스페셜리스트가 되어라"는 슬로건이 화제가 된 적이 있다. '깊이 있는 전문가로 성장해야 한다'는 어찌 보면 지극히 당연한 명제지만, 이 주장에 반박하는 측에서는 스페셜 리스트의 특별한 역량만 강조하는 분위기는 성실하고 부지런한 사람들을 위축시킨다고 목소리를 높였다. 마치 스페셜 리스트가 되지 못하면 경쟁에서 도태라도 될 것처럼 무조건 N0.1만 찬양한다는 것이다. 이 반박 역시 극단적 논리를 함의하고 있어 쉽게 논쟁이 끝날 것 같았지만, 의외로 지리한 공방이 이어졌다. 결국 부지런하고 꾸준한 것도 특별한 것이라는 '황희 정승'식의 중재가 이뤄져 소모적인 열기는 가라앉았다. 중재의 논리처럼 꾸준한 스페셜 리스트가 과연 존재할 수 있을까. 적당한 타협처럼 보이는 이 언술은 실제로 역사 속에서 쉽게 사례를 찾아볼 수 있을 정도로 흔하디흔한 논증이다. 젊은 세대들이 자주 인용하는 '따뜻한 아이스아메리카노'처럼 얼핏 형용모순처럼 보이지만, 얼마든지 실체를 끌어댈 수 있다는 점에서 앞의 표현과는 달리 역설로 읽혀야 한다. 조서윤 다원앤컴퍼니 회장이야말로 '꾸준한 스페셜 리스트'의 전형적인 사례다.

 선불교에서는 깨달음과 수행의 두 가지 행위를 조합으로 묶을 때 경우의 수가 총 네 개 등장한다. 단박에 깨닫고 점진적으로 수행을 지속한다는 돈오점수를 비롯해, 한번 깨달았으면 수행을 그만해도 된다는 돈오돈수, 그 반대의 경우인 점오돈수와 점오점수가 바로 그것이다. '꾸준한 스페셜리스트'라는 표현을 여기에 대입하면 좌표가 어디쯤일까. 네 번째 경우인 점오점수가 적당하지만, 가장 매력이 덜해 보인다. 불필요한 수식 없이 천재, 스페셜리스트, 퍼스트무버, 선두주자, 일등… 이런 표현을 들을 때 사람들은 가장 기분이 좋아진다. 지배와 피지배, 리더와 팔로워 같은 류의 주종(主從) 개념이 우리 일상에서 더 익숙하기 때문이다. 이런 통속적 고정관념에 과하게 길들여 지면 다양한 스펙트럼이 존재하는 자연계의 현상을 정확하게 파악하기 힘들어진다. 세상이 온통 흑백으로만 보일 수 있기 때문이다. 모든 극단적 논리는 주종의 이분법에서 출발한다.

꾸준함이 경쟁력, 30년 흑자경영

　대개 사람들은 단기간에 부자가 된 메타의 창업자 마크 주커버그, 테슬라의 오너 일론 머스크에 대해 잘 알지만, 유럽의 독보적인 금융재벌 로스차일드가(家)의 막대한 부가 17세기 프랑크푸르트의 한미한 유대인 환전상에서 시작돼 수백 년의 역사를 거쳐왔다는 사실은 잘 모른다. 언론에서 흔히 모바일 메신저 카카오의 신화, 배달플랫폼 배민의 신화를 들먹이지만, 전문가들의 경우 역사가 짧은 사건에 대해서 '신화'라는 경칭을 붙이는 것에 대해서 오히려 경박하다고 여긴다. 더디 가도 천 리 가지요, 우직하게 한 걸음, 우보 경영, 이렇게 완곡한 표현을 접할 때 마음 깊은 곳에서 우러나 공감하려면 현장에서 직접 몸을 부딪고 고통을 겪어봐야 한다. 그런 연장선에서 1995년 자본금 1억 원에 설립돼 30년 연속 흑자 경영을 이어간 끝에 2023년 말 기준 4,261억 원의 매출을 기록한 다원앤컴퍼니를 만나면 왠지 마음이 공손해진다. 한해 한해 내실을 다져온 조서윤 회장의 빈틈없는 관리와 꾸준한 리더십에 '스페셜 리스트'라는 수식어를 붙이지 않을 도리가 없다.

　"창업한 지 벌써 30년이 흘렀습니다. 회사가 성장하기를 진심으로 바랐던 꾸준한 마음이 성장의 원동력일 것이라고 생각합니다. 제 간절한 기원이 임직원들의 열정과 함께 행동으로 이어지면서 지속적인 성장이 가능했다고 봅니다. 제가 디자이너 출신이라 디자인으로 어필했던 것도 회사가 발전하는 데 큰 도움이 됐다고 생각해요. 중학교 동창인 심리학 박사 친구가 이런 말을 했습니다. 너는 한 곳에 정말 오랫동안 집중하는 것 같다. 정말 쉽지 않은 일인데…"

　성장의 비결에 묻는 질문에 이처럼 담담하고 간결하게 답변하기도 참 어려운 일이다. 답변은 겸손하지만, 조 회장의 눈가에는 30년의 지난했던 세월이 맺힌다.

　창업의 계기는 조 회장의 가족 등 주변 인물들의 지원과 격려가 뒷받

침되어 찾아왔다. 성균관대학교 화학과에 다니던 대학생 조서윤은 어느 날 "미국에서는 인테리어디자인이 매우 활성화되어 있다"는 학과 교수의 말을 흘려듣지 않았다. 당시 국내에서는 인테리어 디자인이라는 개념조차 확립되어 있지 않았고 국내 대학에서 전공으로 개설되지도 않았을 때였다. 조 회장은 학부 졸업 후 곧바로 유학길에 올라 미국 오하이오대학교와 플로리다주립대 대학원에서 인테리어디자인 석사 과정까지 마쳤다. 학업을 마치고 귀국하자마자 현대건설에 입사해 사회 생활을 시작했다. 신입사원 시절의 열정을 조 회장은 지금도 잊을 수 없다. 인테리어 도면을 매일 집에 가져와 밤늦게까지 작업한 그를 보며 의사인 오빠들이 창업을 권유했다.

"우물을 파려면 빨리 시작해야 기회가 많다는 게 오빠들의 조언이었어요. 당시만 해도 국내 인테리어디자인 시장이 이렇게까지 성장하리라고 전망한 것은 아니었지만, 내 일을 주도적으로 해나가고 싶다는 생각에 창업을 결심했습니다."

다원앤컴퍼니는 대내외적으로 알려진 브랜드 인지도나 경영 지표상의 수치 성과, 어느 면에서 살펴봐도 한 치의 의심을 허락지 않는 견실한 중견기업으로 손색이 없다. 다원앤컴퍼니, 그리고 CEO인 조 회장의 강점은 무엇보다 꾸준함이다. 창립 이래 30년간 무차입 경영을 하면서도 해마다 연평균 매출은 200% 가깝게 늘리고 있다. 더구나 단 한 번도 성장 그래프가 꺾이지 않고 꾸준한 상승 곡선을 이어가고 있다는 점은 이 회사의 경쟁력이 얼마나 탄탄한지 증명한다. 수년 전부터는 인도, 필리핀, 베트남 등지로 사업 영역을 더 확장하면서 글로벌 시장 진출에도 박차를 가하고 있다.

"제가 인테리어디자인이 업이긴 하지만 지나치게 꾸미는 것을 좋아하지는 않습니다. 임직원들의 보고, 각종 회의에서도 '말을 위한 말'을 하는 것은 불필요하다고 생각해요. '디자인을 위한 디자인'도 별다른 의미가 없죠. 목적한 바를 위해 충실한 업무 스타일을 선호합니다. 빙빙 돌려서 가지 않고 목표를 향해 직진하는 게 제 스타일입니다."

'본론만 간단하고 단순하게', 굳이 찾아낸 조서윤 회장의 성공비결이자 경영철학이다.

직진과 본론이 중요한 CEO

조서윤 다원앤컴퍼니 회장은 국내 인테리어디자인·건축업계의 쟁쟁한 CEO들 가운데 가장 두드러진 성과를 거둔 CEO로 정평이 나 있다. 1995년 3명의 직원과 함께 회사를 설립한 조 회장은 지난 30년간 이름만 대면 바로 알만한 쟁쟁한 국내외 유명 기업과 호텔의 인테리어 디자인 파트너로서 매년 유례가 없을 정도의 화려한 족적을 남겼다. 2000년대 초반 골드만삭스, 맥쿼리 등 외국계 기업 건물들의 인테리어디자인을 맡으면서 입소문이 나기 시작했고, 맥킨지앤컴퍼니와 모건스탠리, 한국IBM, SK건설, 네이버, 카카오를 비롯해 JW 메리어트 호텔, 포시즌스 호텔, 파라다이스시티, 르메르디앙 서울, 콘래드 서울, IFC몰 등 국내외 유명 기업과 호텔에서 러브콜이 잇따라, 그의 명성을 짐작케 만든다. 회사의 브랜드 이미지뿐만 아니라 조서윤 회장 개인의 브랜드 파워도 만만치 않다. 지난 2022년 조서윤 회장은 한 언론 매체에서 선정한 '2022 파워 여성 CEO 50' 랭킹에서 33위를 차지했다. 국내 인테리어디자인 업계의 수많은 여성 CEO중 가장 높은 순위인 것은 물론, 다른 업종의 쟁쟁한 여성 CEO들과 경합을 벌인 가운데 선정된 순위라 눈길을 끈다. 조 회장은 또 글로벌 회계·컨설팅 법인 EY가 지난 2024년 선정한 'EY 아시아태평양 우수 여성기업가 프로그램'에 참여할 여성 기업가 18명에 한국인으로는 유일하게 포함되기도 했다. 'EY 우수 여성기업가 프로그램'은 높은 잠재력을 지닌 여성 기업가들을 발굴해 이들의 역량을 최대로 발휘하고 기업을 지속 가능할 수 있도록 확장하는

데 필요한 네트워크와 리소스를 제공하는 사회공헌 프로그램이다. 아시아의 유명한 CEO들과 어깨를 나란히 한 조 회장의 당당한 모습은 그 자체로 한국 여성 CEO들의 자부심이 됐다.

"다원앤컴퍼니의 꾸준함이 인정받은 것 같아서 기분이 좋았습니다. 세계적인 회계법인이 후원하는 프로그램에 참여해 인적 교류의 폭을 한층 넓힐 수 있었던 좋은 기회였죠."

짧지만 핵심을 짚는 답변으로 기쁨을 표시하는 간결함, 조 회장의 스타일이다.

다원앤컴퍼니가 지금의 규모로 성장한 비결도 핵심을 짚는 경쟁력에서 비롯됐다. 국내 인테리어 시장에 공간 설계라는 개념을 처음으로 도입한 1세대 인테리어디자인 업체로서 명성이 자자한 것은 다 그만한 이유가 있는 셈이다. 오피스 내부 디자인 컨설팅부터 시공까지 전 과정을 맡고 있는데, 특히 오피스 디자인이 강점이다. 창의적이고 효용성이 높은 동선을 추구하는 것으로 유명하다. 현재 업계 안팎에서는 다원앤컴퍼니가 기업의 정체성과 경영철학을 공간에 가장 잘 담아낸다는 평가를 받고 있다. 2021년까지 '다원디자인'이라는 사명으로 활약하다가 지금의 사명으로 이름을 바꿨다.

"몇 년 전에 관계사 지분을 취득해 다원이 대주주가 되었습니다. 지배구조와 맞게 사명을 변경해야 할 첫 번째 이유였죠. 또 10년 전부터 개발회사와 관계사로 투자를 진행하면서 건설회사와 같이 건설 면허를 갖고 일을 해야 하는 경우가 있었는데, 이때 '다원디자인'이란 이름이 회사의 사업 분야와 어울리지 않는다는 외부 피드백이 있기도 했습니다. 타당한 조언에는 귀를 기울여야죠. 새로운 이름으로 변화하는 조직과 함께 도약하고 싶은 바람으로 다원앤컴퍼니로 과감히 회사명을 바꾸는 결정을 했습니다."

성장한 규모에 맞게, 또 그동안 축적한 디자인 전문성과 시공 노하우

를 통해 시행과 종합건축 등 다양한 분야로 사업 다각화를 추진하고 있기 때문에, 타당한 이유가 있다면 머뭇거릴 이유가 없다는 것이 조 회장의 지론이다. 본론을 향해 직진하는 스타일만큼은 한결같다.

한편 견실하다고 소문난 다원앤컴퍼니의 매출 규모와 영업이익이 꾸준한 배경에는 그만큼 이 회사의 가치가 높게 인정받는 현실이 자리하고 있다.

"수익성은 다른 분야에 비해 높다고 생각하지는 않지만, 다른 인테리어 회사와 비교하면 좀 더 나은 것 같습니다. 관리의 차이라고 봅니다. 외부적인 환경요인이 회사를 흔들어도, 질시와 견제의 눈길이 쏟아져도 우직하게 앞만 보고 걸었더니 근거 없는 루머는 가라앉고 제자리로 돌아올 수 있었습니다. 위기에서 탈출해 회복하는 비결은 참고 견디는 시간과 인내심, 냉철한 멘탈 관리가 필수적이라고 생각합니다."

온화한 미소, 작은 체구 어디에서 저처럼 강철같은 멘탈리티가 자리 잡고 있을지 의아하기만 하다.

새로운 패러다임, 변화를 꿈꾸다

다원앤컴퍼니는 그동안 오피스 인테리어 전문 설계로 시작해 리테일, 주거 공간, 최근에는 종합건축 시공까지 업무 영역을 넓게 확대하고 있다.

"창립 이래 25년 동안 오피스 인테리어디자인 및 시공에서 높은 경쟁력을 보유하고 있었지만 최근 주택 시장의 확대 및 디자인의 중요성이 커짐에 따라 오피스 영역처럼 새로운 동력 확보가 필요했습니다. 주택과 커머셜을 독립시켜 각자 본부를 구성하고 전문성을 갖춘 능력 있는 전문가들을 영입해 4개의 사업 부문 형태를 취하게 되었습니다. 각 사업 부분의 전문성을 높여 경쟁력을 키우는 것이 목표입니다."

조 회장이 사업 영역을 다각화하면서 가장 주안점을 두는 것은 전문성을 키우는 것과 동시에 원활한 내부 커뮤니케이션을 통한 효율성 증대다. 융합 디자인과 부문별 전문성의 협업으로 더 훌륭한 작품을 만드는 것이 조 회장의 궁극적인 목표다.

조 회장에 따르면 하나의 거대한 컴플렉스(Complex), 즉 오피스와 주거, 쇼핑몰이 같이 있는 공간을 디자인하거나 시공할 경우 원스톱 서비스가 가능하다는 장점이 있다. 또 임직원들이 다양한 전문 영역에서 본인의 경험을 쌓을 수 있다는 것도 사업 확장을 꾀한 목적중 하나다.

"당연히 변모되어야 지속적인 성장이 가능해집니다. 이번에 시행하는 각 사업부 운영은 회사를 더욱 키울 것이라고 확신합니다. 10년 뒤 다원앤컴퍼니는 전문성이 더욱 충만해지고 명성이 탁월한 기업으로서 독보적인 경쟁력을 갖추고 있을 겁니다. 아마 메타버스 안에서 새로운 공간을 즐기는 새로운 환경을 디자인하고 있지 않을까하는 상상도 해봅니다."

30년을 거치며 차근차근 성장했지만, 회사의 규모에 맞게 글로벌 시장을 향한 행보에도 거침이 없다. "현재는 미국에서 가장 활발하게 비즈니스가 전개되고 있습니다. 주요 프로젝트는 현대자동차, 현대모비스, SK배터리 등이며, 이외 베트남과 인도에서도 꾸준히 프로젝트를 진행하고 있습니다. 그동안 외국계 대기업들과 오랫동안 파트너십으로 일을 해와서 글로벌 시장이 전혀 낯설지 않습니다. 저희 회사가 글로벌 스탠다드를 지향하며 성장해온 것도 제대로 한몫을 했죠."

조 회장의 말처럼 다원앤컴퍼니는 글로벌 스탠다드에 맞춰 모든 업무를 추진했다. 안전과 내구성 등의 모든 기준이 글로벌로 맞춰져 있어야 외국계 기업들이 믿고 프로젝트를 맡길 것은 당연한 순리다.

"해외 기업들은 국내 기업과 비교해서 각 프로세스에 대한 전문가 조직이 아주 디테일하게 나누어져 있고 모든 권한과 책임을 집니다. 예를 들면 잠실 롯데 애플스토어를 진행할 때 많은 공정에 각각의 담당자가 있고, 이들이 각 공정에 대해 모든 결정을 하고, 오픈식 때도 수십 명의 관계자가 와서 본인의 분야를 꼼꼼하게 체크합니다. 여기에 비하면 국내 기업들은 아직 각 조직의 세분화와 전문성 확보가 더딘 실정인 것 같아요."

다원이 진행한 프로젝트 중에서 롯데월드타워 1층에 애플스토어를 오픈한 것도 조금은 기억에 남을만한 사건이었다. 다원앤컴퍼니가 공사를 맡게 된 배경에는 여러 이유가 있지만, 그만큼 다른 회사에 비해 투명하고 예측 가능하다는 장점이 있었다. 또 롯데의 ESG경영 방침에 입각해 마이너리티, 즉 여성이 오너이기 때문에 가점을 받은 요인도 있었다. 이때 조 회장은 한국적 기업 풍토의 한계성을 체험했다. 시공사 선정 과정에서 남성이 오너인 경쟁사들의 담합과 시기 때문에 이상한 루머가 퍼져 속이 적잖이 상했던 것이다. 당당하게 경쟁을 하면 되지, 여성이 오너인 회사는 이겨야 한다는 편견에 더해, 누가 지어냈는지 모를 이상한 소문으로 고객의 판단을 흐리기까지 하는 후진적 행태에 개탄을 금치 못했다. 무골호인이라도 당사자를 찾아 일갈이라도 하련만, 조 회장은 특유의 강철같은 멘탈리티로 무대응으로 일관했다. 결국 근거 없는 루머는 사라졌고, 조 회장은 경쟁에서 승리했다.

사업의 목적은 나눔과 사회공헌

"저희 회사 임원들은 저에게 '열정', '자신감', '명쾌함'의 장점이 있다고 말합니다. 스스로 평가할 때도 그런지는 잘 모르겠어요. 하지만 아무 이유 없이 그런 말을 하지는 않겠죠. 명쾌한 것을 좋아하는 것은 제가 지향해온 업무 스타일인 것 같고, 자신감과 열정은 CEO라면 기본

EY 최우수 기업가상 - 2023 여성 기업가 수상

적으로 갖춰야 할 덕목 아닌가요?"

조 회장은 자신의 장점에 대해서도 좀처럼 후한 평가를 하지 않는다. 꾸준함이 몸에 밴 CEO들에게 흔하게 발견되는 흔적이다. 남에게는 너그럽지만 정작 자신에게는 엄격한 것이 꾸준한 리더에게 발견되는 공통점이다. 남에게 너그러운 사람들은 대개 사회공헌에도 앞장선다.

"사업을 하면서 이익 창출을 도모하는 것의 최종 목적은 나눔입니다. 이 나눔이 다시 회사를 더욱 성장시켜 선순환의 기업 구조를 가능케 하죠. 회사의 구성원, 고객, 파트너, 회사가 자리한 지역 공동체 등 모든 대상과의 더 큰 상생과 나눔을 위해서 기업이라면 반드시 이익을 내야 합니다. 좋은 인재를 구하려고 해도 넉넉한 회사여야 하고, 소외된 이웃에게 온정의 손길을 내밀려고 해도 부자 회사여야 가능합니다. 저희 회사는 이익의 30%를 임직원들의 임금 상승과 인센티브로 사용하고 있습니다."

오너 CEO의 마인드가 이처럼 한결같은데, 구성원들의 사기가 높아지는 것은 당연한 귀결이다. 조서윤 회장은 여러 매체와의 인터뷰에서 아서 겐슬러(Arther Gensler)를 자신이 따라가야 할 롤 모델로 꼽고 있다.

"세계 최대 건축회사 겐슬러의 창업자인 아서 겐슬러는 전문성이 탁월한 리더죠. 인성이야 잘 모르겠지만, 인테리어로 시작해 지금은 건축사무실을 포함해 세계 1위를 꾸준히 지켜오고 있는 데에는 그만한 이유가 있는 것 아닐까요?"

전 세계적으로 50개국이 넘는 곳에 7천 명 이상의 임직원을 보유한 겐슬러. 조서윤 회장은 글로벌 무대에서의 성공을 통해 아서 겐슬러마저 추월하고 싶은 모양이다. 회사를 글로벌 무대에서 성장시키고, 나눔을 통해 더 좋은 기업을 만들고, 지론인 나눔과 상생을 실천하기 위해 하루 24시간이 부족한 조서윤 회장도 때로는 은퇴의 삶을 구상해보기도 한다.

일과 삶의 소중한 의미들

"경영에서의 은퇴를 무척이나 바라고는 있지만 정작 언제쯤 실현이 될지는 잘 모르겠습니다. 몇년 안에는 은퇴해서 삶을 즐기고 싶지만, 아직은 회사에서도 할 일이 많은 것 같기도 하고 이런 선택만큼은 명쾌하게 결론이 나지 않아요. 때가 되면 기회가 찾아오겠죠. 주변의 권유로 창업을 했으니 또 주변에서 은퇴를 권할 수도 있구요. 은퇴 결심이 서면 그 이후에는 회사를 다른 대표한테 맡기고 전폭적으로 지지해 줄 것이라고 생각합니다. 그들도 다원의 DNA를 이어받은 사람들이니 리더의 자리에서 100년 기업을 이어가기 위한 후배들을 양성했으면 하는 바람입니다. 은퇴의 기회가 허락된다면 저는 그동안의 경험을 바탕으로 강단에서 후진 양성도 하고 저를 격려하고 지지해준 지인, 그리고 소중한 가족들과 더 많은 시간을 보내고 싶습니다."

직진과 본론을 좋아하는 조서윤 회장에게 듣는 은퇴 후의 삶에서, 아직까지 명료한 실체를 확인하지 못한 이유는 그에게 확실한 결심이 서지 않은 탓일 것이다. 회사의 성장에 대해 듣는 것과 비교하면 모호하기만 하다. 아서 겐슬러를 넘어서기 전까지 은퇴를 미뤄두는 것이 국내 건축업계나 인테리어디자인 발전을 위해서 더 좋을 듯 싶다.

"'한국CEO경영대상'에 선정된 것은 매우 큰 영광입니다. 저희 직원들의 노력과 헌신, 그리고 고객과의 신뢰를 바탕으로 이루어진 결과라고 생각합니다. 앞으로 시간이 지나도 변하지 않는 '타임리스(Timeless)'한 디자인이라는 철학을 기반으로, 공간을 통해 사용자에게 감동을 주는 더 높은 레벨의 디자인을 실현하겠습니다. 혁신과 지속가능한 경영을 통해 더 나은 회사를 만들어 나갈 것을 약속합니다."

회사 성장에 대한 포부는 여전히 뚜렷하다. 30년 연속을 넘어 40년 연속 흑자 경영의 역사를 써내려 갈 것처럼 명쾌하고 구체적이다. 조서윤 회장의 약속에는 실행을 담보하는 추진력이 담겨 있다.

조서윤 대표는...

(주)다원앤컴퍼니 회장, EY 최우수 기업가상 여성기업가 부문 수상, 대한전문건설협회 실적우수상 수상, 서울핵안보정상회의 유공자 공로패 수여, 명인명가상 수상, NCIDQ (National Council for Interior Design Qualification) 자격 취득, 미국 플로리다 주립대학교 대학원 인테리어 디자인 석사 취득, 미국 오하이오 대학교 인테리어 디자인 학사 취득.

존중과 배려의 리더십
가치를 만드는 CEO

한국CEO경영대상
MICE 혁신 부문

하승희  아시아레이크사이드호텔 대표

콩 심은 데 콩 나고 팥 심은 데 팥 나는 법이다. 누군가 행실이 번듯하고 총기가 번득여 큰 인물이 될 싹수가 보이면 세간에서는 흔히 '근본 있다'는 칭찬으로, 인재를 길러낸 집안을 짐짓 높여준다. 수십 년 전 집성촌이 흔하던 산업화 시절만 해도, 어른들 입에서 이 표현이 나오면 그보다 더한 명예가 없다. 사람을 넘어 적용되는 대상도 광범위하다. 근본 있는 집안은 물론이고 근본 있는 학교, 근본 있는 회사, 근본 있는 행동, 심지어 음식마저 만족도가 높으면 '근본 있다'는 헌사를 받는다. 일부에서는 혈통주의가 만연하던 무렵의 폐습이라며 혹독한 비판도 쏟아내지만, 연배 지긋한 사람들에게는 여전히 귀에 듣기 좋은 말이다. 당사자에게 직접적인 칭찬을 하면, 주는 이나 듣는 이 모두 과하다고 느끼던 시절의 흔적이다. 예부터 근본 있는 고장으로 이름났던 진주에서 '경영의 근본'을 추구하는 기업인 하승희 대표에게, 뿌리를 잊지 않으면서도 변화와 혁신을 병행하는 균형의 스토리를 들어본다.

진주는 기업인의 산실(産室)이다. 국내 대표적인 기업 삼성, LG, GS, 효성의 창업주가 모두 진주의 지기(地氣)를 받은 인물들이다. 경남 진주시 지수면 승산마을에는 LG그룹 창업주 고 구인회 회장, 구 회장의 동생 LS그룹 창업주 고 구태회 회장, LG가와 동업자이자 실질적인 GS그룹 창업주 고 허만정 회장 등 전설적인 기업인들의 생가가 모여있다. LG그룹 모태였던 락희화학 시절부터 부친 구인회 회장을 도운 고 구자경 명예회장 역시 이 마을에서 나고 자랐다. 구씨가의 사돈 허씨 일가는 허만정 회장 때부터 LG와 3대에 걸쳐 동업하다 지난 2004년 GS그룹으로 분리됐다. GS그룹 허창수 명예회장과 그의 부친 고 허준구 LG그룹 부회장 역시 지수면이 본적이다. 삼성그룹 창업주 고 이병철 회장도 진주의 지연에 얽혀있다. 경남 의령 출신 이병철 회장은 인근 진주의 허씨 가문에 시집간 둘째 누나를 따라와 지수면 누나 집에서 지수보통학교(현 지수초)를 다녔다. 효성그룹 창업주 고 조홍제 회장도 생가는 경남 함안이지만 지수보통학교를 다녔다.

진주를 기업인과 비즈니스 메카로

조선 시대부터 '물산의 땅'으로 불리던 경남 진주, 경상 충청 전라의 하삼도(下三道)에서 전주, 나주, 상주 등과 더불어 번영을 구가하던 지역이다. 기라성 같은 인물이 쏟아져 나온 충절의 고장이기도 하다. 임진왜란 당시 진주성에서 옥쇄 항전한 진주목사 김시민은 물론이고 왜장을 붙잡고 남강에 뛰어든 논개의 충절이 도도히 살아 있다. 고려 현종 시절 요나라 임금에게 귀화를 종용받지만 끝까지 충절을 지킨 하공진 장군도 진주가 자랑하는 인물 중 하나다. 남강과 더불어 진주시 명물로 자리 잡은 지 오래인 진양호, 산 위에서 진양호를 굽어보는 천혜의 경관에 아시아레이크사이드 호텔이 자리잡고 있다. 하승희 대표가 경영하는 이 호텔은 진주시 기업인들에게 새로운 비즈니스 메카로 부상하고 있다.

"4차 산업혁명 이후 더 치열해진 글로벌 초경쟁의 시대에 리더들에게 미래에 대한 혜안이 절실해지고 있습니다. 이를 위해 포럼과 아카데미를 겸하는 과정을 개설했어요. 새로운 시대를 앞서가는 기업 경영자들이 모여 자질과 역량을 키워 갈 수 있는 진주의 다보스 포럼, 즉 '진(晉)Boss'로 성장시키고 싶은 바람입니다."

하 대표는 지난해 2월부터 기업 CEO들의 멘토로 불리는 맹명관 교수(중소기업혁신전략연구원)와 함께 [맹명관 마케팅 아카데미] 최고위 과정을 운영하고 있다. 벌써 3기까지 배출한 이 과정에는 진주를 경남과 대한민국의 비즈니스 메카로 우뚝 세우려는 하 대표의 욕심이 듬뿍 담겨 있다. 매년 전 세계에서 기업 CEO들과 리더들이 모이는 경제포럼 '다보스포럼(Davos Forum)'도 스위스의 작은 지역에서 시작된 것처럼, 백방으로 뛰어다닌 하 대표의 노력으로 일단 확실하게 싹은 틔웠다는 평가를 받고 있다. 아카데미에서는 지역 기업의 CEO들과 다양한 분야의 리더들이 모여, 함께 공부하고 토론하는 교류를 통해 불확실성의 시대에서 위기 탈출 해법을 만들어 가고 있다. 폭넓은 학문적 배경과 지식은 물론 실전 감각까지 겸비한 맹명관 교수는 아카데미를 이끌어가는 경영학 스승이자 든든한 우군이다.

하승희 대표는 진주에서 대대로 터를 잡고 살아온 진주 하씨 후손이다. 진주 하씨는 진주 강씨, 진주 정씨와 더불어 진주의 대표적인 씨족으로, 하 대표의 집안도 이 고장에서 3대에 걸쳐 제약기업을 운영해온 토박이 출신이다. 진주에서 누구 못지않게 뿌리 깊은 가문에서 변화에 대한 도전과 혁신을 강조하는 혁신가가 배출된 것이다. 하 대표는 진주에서 초등학교, 중학교, 고등학교 등 학창 시절을 보냈다. 그가 졸업한 진주여고는 2025년 개교 100주년을 맞은 명문고등학교다.

"예전 진주에서는 '하(河)고약집'이라고 하면 모르는 사람이 없었죠.

윗대 할아버지께서 해인사에서 수도하시던 백용성 스님에게 비방을 배운 제자였습니다. 백용성 스님은 3.1 독립선언문에 서명한 민족대표 33인 중 한 분이셨는데, 의학에도 조예가 깊어 피부병을 치료하는 고약을 개발하셨어요. 스님으로부터 전해진 비방을 토대로 조부에 이어 아버지까지 제약기업을 경영하셨는데, 우연한 기회에 호텔업에 뛰어들게 됐습니다."

본래 아시아레이크사이드 호텔은 지난 68년 트랙터, 콤바인 등 자동화 농기계를 제조하던 향토기업 대동공업이 '아세아호텔'이라는 이름으로 개관해 운영해 왔는데, 90년대 말 내부 사정으로 호텔을 매각하기 위해 인수자를 물색하고 있었다. 하 대표의 부친이 용마산을 산책하던 중 우연히 이 소식을 듣게 됐는데, 가능하면 진주의 명망 있는 집안에서 이어갔으면 좋겠다는 전 오너의 제안으로 호텔업에 진출하게 됐다. 호텔 인수 후 대대적인 전면 개보수를 거쳐 월드컵 열풍이 전국을 휩쓸고 간 2002년 아시아레이크사이드 호텔이라는 이름을 달고 다시 문을 열었다. 하 대표는 개보수 공사 당시 현장에서 인력들을 진두지휘하며 열정을 불태웠다. 새로 오픈한 호텔은 무엇보다 천혜의 자연경관을 감상하기에 제격이라 고객들의 입소문이 끊이지 않는다. 진주 IC에서 5분, 도심에서 15분 정도의 거리로 전망이 수려한 진양호 공원 정상에 있어 호텔 입구에 들어서는 순간 창문 너머로 한 폭의 동양화 같은 진양호를 감상할 수 있다.

또 도심에서 벗어나 있어 자연이 허락한 소리 외에는 일체의 소음 없이 휴양을 즐길 수 있다. 수달, 삵, 꿩 등 청정 지역에서만 만날 수 있는 동물들이 서식하는 곳으로 쉬고 싶은 목적의 여행지로 손색이 전혀 없다. 전 객실이 아름다운 진양호를 전망으로 하고 있는 것도 빠트릴 수 없는 매력이다.

뿌리 깊은 나무, 제약에서 호텔업으로

"호텔이 오픈한 뒤 서울로 올라갔다가 2007년에 다시 호텔로 복귀했죠. 2008년부터 대표이사를 맡았습니다. 운명이 저를 다시 불렀다고 생각해 그때부터 오로지 호텔 경영에만 전념했습니다."

대학 시절 의상 디자인을 전공한 하 대표는 졸업 후 미국에서 디자이너로도 활약한 커리어 우먼 출신이다. 국내에서도 현대성우그룹에서 론칭한 브랜드에서 근무할 정도로 실력이 발군이었지만, 서울살이를 접고 진주로 돌아온 뒤에는 오로지 호텔 경영 전략에 몰두하는 기업인으로 탈바꿈했다.

하 대표는 아시아레이크사이드 호텔 외에도 이탈리안 레스토랑 [도비치아], 프리미엄 도시락 판매·케이터링 브랜드 [오담채] 등 F&B 사업에도 진출해 사업 영역을 더욱 확장하고 있는데, 단순한 외형 성장에 그치지 않고 가치 경영에 집중하는 CEO로서도 명성을 얻고 있다. [맹명관 마케팅 아카데미]는 하 대표가 어떤 마인드의 기업인인지 알 수 있는 바로미터 중 하나이다. 지난 2024년 2월 28일부터 5월22일까지 '뿌리가 다른 해법, 파워가 다른 전략'이라는 주제로 호텔에서 열린 [맹명관 마케팅 아카데미 최고위 과정 1기]는 개강 전부터 수강생 모집이 마감될 정도로 기업 CEO, 소상공인들의 큰 기대를 모았다. 진주뿐 아니라 창원, 마산, 순천, 하동, 사천 등 인근의 다른 지역에서도 수강 신청이 쇄도했다. 정원 한계 때문에 마감을 해야 하는 사정이 아쉬울 지경이었다. 아카데미를 이끌고 있는 맹명관 교수는 20여 년간 카피라이터로 활동하면서 브랜드에 대한 남다른 관심을 가지고 연구해왔으며, 마케팅 분야에서 단연 국내 최고의 전문가로 통한다. 미국 콩고디아 국제대학 전임교수, 중소기업혁신전략연구원, 표준협회 전문위원으로 25년간 컨설팅 및 마케팅 강의를 진행하고 있다.

"새로운 도전에 직면해 있는 지역 기업 리더들의 동반 성장을 위해 마련된 과정이었어요. 강의도 훌륭하지만, 각자 다른 분야의 수강생들이 자유롭고 창의적인 소통과 교류를 통해 비즈니스와 삶의 가치를 높여줄 기회가 만들어졌다고 생각합니다."

맹명관 교수 외에도 K-바이오랩허브 초대 사업단장 한인석 총장, 하이엔드 마케팅 이동철 소장, 미래인교육연구소 대표이자 Chat GPT 전문가인 백신정 교수, 브랜드 소통 전문가인 유장휴 AG브릿지 대표, 프랑스 건축가 백희성 KEAB 대표, LA올림픽 유도 금메달리스트이자 서울올림픽기념국민체육진흥공단 감사 하형주 교수, P.I 교육코칭연구소 여순화 교수 등 각 주제별로 화려한 강사진의 위용에 수강생들은 열광적인 환호와 행복한 비명으로 화답했다.

12주 과정으로 진행된 강의는 매시간 열기를 뿜어냈고, 수강생들이

각자 자신의 경영 현실과 마케팅 방식, 미래 전략에 대한 조언을 구하고, 강사진이 이를 평가해 컨설팅하는 방식도 반응이 좋았다.

"3백 명 이상의 인텔리전트를 배출하는 것이 목표입니다. 가장 큰 인프라는 휴먼 네트워크라는 믿음으로 지속적인 관심을 기울인다면, 진주라는 도시가 확실한 비즈니스 메카로 도약할 것이고 기업인들이 찾는 호텔로서 저희의 가치도 더욱 높아질 것이 분명하죠. 시장은 개척하는 것을 넘어 창조하는 것입니다."

사람에 투자하라 끊임없이 혁신하라

하승희 대표는 "고이면 썩는다"는 단순한 진리를 누구보다 앞장서 실천하는 기업인이다. 현실에 만족하고 안주하는 것은 기업인이 지향해야 할 자세가 아니라고 힘주어 강조한다.

"어느 날 후배 한 명이 제게 돈을 벌려면 어떤 사업을 해야 하냐고 묻더군요. 돈을 벌고 싶으면 투자를 하라고 알려줬죠. 사업은 돈을 벌기 위해 하는 것이 아니라 더불어 잘살기 위해 하는 것입니다. 사업을 하기 위해서는 당연히 자금력이 토대가 되어야 하지만, 돈이 중심이 되어서는 안됩니다. 생각을 끊임없이 혁신하고, 사람에 투자하고, 가치가 필요한 일들을 하다 보면 사업이 성장합니다. 그 과정에서 수익도 저절로 얻어지게 되지만 더 많은 수익이 최종 목표는 아닙니다."

고정관념에 지배당하기 시작하면 발전도 커녕 현상 유지도 어렵다는 것이 하 대표의 생각이다. 사업의 근거 지역인 진주시에 공격적이고 도발적인 건의도 서슴지 않는다.

"진주시에서 해마다 K-기업가정신 국제포럼을 개최하고 있는데, 참가 규모에만 매몰되지 말고 질을 높여야 한다고 주장합니다. 기업가들이 즐겨 찾는 기업가 포럼을 만들어야 브랜드 취지에 충실한 운영이 된다고 생각합니다. 단순히 몇백 명, 몇천 명이 참가했다는 수치 실적에만 매달리다 보면 본래의 목적을 상실한 행사가 되기 십상이죠."

하 대표는 그래서 부대 행사로 유스 포럼도 적극적으로 제안했다. 지역 청소년들에게는 기업가 정신의 본고장이라는 자부심을 심어줄 수 있고, 외지에서 찾아오는 청소년들에게는 진주가 어떤 곳인지 정체성을 심어주는 효과가 있다는 것이다.

고정관념에 얽매이지 않고 다양한 시도를 해보는 것이 혁신의 모습이라는 점에서, 어느덧 기성세대에 속하게 된 나이지만 하 대표는 여전히 생각이 젊은 CEO로 평가 받는다.

"호텔 사업을 하면서 비즈니스와 삶의 가치, 리더십의 본질, 지식의 무게 등 다양한 관심 분야가 생겨나기 시작했습니다. 고민하는 시간도 함께 늘어났죠. 더 이상 단순히 가격이 싸다고 소비자가 지갑을 여는 시대가 아닙니다. 품질 대비 가격 경쟁력, 즉 가성비가 여전히 시장을 좌우하고 있기는 하지만, 이미 가격 대비 심리적 만족을 뜻하는 가심비가 마케팅의 중요한 요소로 자리 잡은 지 오래됐습니다. 더 나아가 비교 상대가 없는 만족의 척도, 즉 남과 다른 가치를 향유하는 데에서 오는 만족도도 중요한 개념입니다. 호텔이나 F&B 사업을 하다 보니 새로운 시장이 보이더군요."

한 분야에서 오래 쌓인 구력, 즉 커리어는 숙련된 전문성과 함께 통찰력을 터득하는 과정이다. 더구나 하 대표처럼 경영 현장에서 깨달음을 얻게 된 통찰력은 조직을 지휘하는 판단 근거가 되고, 성장할 수 있는 인재를 알아보는 안목이 된다.

"리더는 사람을 얻는다는 점에서 매우 가치 높은 직분입니다. 발전 가능성이 풍부한 직원들을 볼 때 리더는 흐뭇하죠. 그런 직원들이 모여서 회사의 성장 잠재력이 높아지는 것입니다."

하 대표는 비싼 설비나 넉넉한 자금보다 비교할 수 없는 맨파워가 조직의 힘을 결정한다고 믿는다. 제조업의 예를 들자면 현재 보유하고 있

는 특히 기술보다 연구소에서 열정을 불사르고 있는 개발실의 우수한 인재들이 회사의 미래를 좌우하는 것이다. 서비스업에서도 숙련된 매뉴얼 스킬보다 능수능란하게 후배들을 가르칠 수 있는 멘토들이 많은 업장에 시장의 주도권이 쥐어진다는 것이다.

"구성원들의 마인드가 중요합니다. 사원급 인재가 관리자급 인재로 성장하려는 의욕이 넘쳐야 하고, 관리자급 인재는 경영 책임자로서 도약할 수 있는 욕심이 있어야 합니다. 개인의 성장이 멈추면 기업 성장도 멈추고 곧 노화가 시작됩니다."

통찰력에서 쏟아지는 경구는 명언이 된다.

배움이 곧 가르침, 멘토는 겸손하다

"제가 사업을 하면서 항상 아쉬웠던 점은 제대로 사장 수업을 받아본 적이 없다는 것입니다. 늘 멘토가 있었으면 좋겠다는 생각을 해왔죠. 시간이 흐르면서 사회적 관계 속에서 많은 멘토가 생겼지만, 특히 일터에서 만나는 멘토는 든든한 언덕입니다. 제가 그런 혜택을 받지 못했기 때문에 임직원들을 대할 때 후배를 가르치는 선배로서 대하게 됩니다. 자기 직분에 종사하는 프라이드, 고객을 대하는 마음가짐, 출근길에서 새기는 오늘의 목표, 미래를 위해 투자하는 시간과 전략, 사회를 바라보는 가치관과 철학 등 가르쳐주고 싶은 게 너무 많죠."

하지만 하 대표는 시시콜콜하게 이래라저래라 업무에 간섭하는 스타일이 아니다. 실수를 저지르지 않는 한 그에게 한 수 가르침을 받고 싶으면 적극적인 자세가 전제된다. 원하지 않는 잔소리로 스트레스를 받는 일은 누구에게나 피하고 싶은 일상이기 때문이다.

"대신 굳이 찾아와 상담을 원하거나 자문을 청할 때는 좋은 멘토가 되기 위해 노력합니다. 같은 상황에 처해 고민했던 경험이 분명히 제게도 있었죠. 그럴 때 나는 어떤 실수를 저질렀는지, 어떤 교훈을 얻었는지 떠올리며 진지하게 대응합니다. 내가 이토록 진심인데 상대방이 건성으로 대하면 그것보다 더 큰 실망이 없습니다."

'괜찮은 선배' 하승희 대표는 그래서, 단순한 '사장님'을 넘어 진지한 후배 직원들이 따르는 '좋은 멘토'가 된다.

"말로 하지 않아도, 늘 반복되는 일상에서 가르침은 수시로 베풀어집니다. 다만 우리가 그것을 절실하게 깨닫지 못할 뿐입니다. 가족 동반 고객을 대하면서 진심으로 아이를 좋아하는 게 느껴지는 환한 웃음, 이용 방법을 몰라서 빚어진 고객의 실수를 티나지 않게 감싸주는 배려 등 선후배 동료들의 작은 눈짓, 몸짓, 마음씨에서 우리는 많은 것을 배울 수 있습니다."

가르침이란 강의실에서 혹은 상담실에서 필기를 요구하는 전형적 수업이 아니더라도 얼마든지 일상에서 경험할 수 있다는 것이다. 오랜 수행 끝에 얻어진 깨달음으로 평온해진 선승처럼, 하 대표는 경영의 끝자락에서 궁극의 화두 하나를 잡은 것처럼 보인다.

생각이 열정이다, 멈추지 않는 욕심

기업가 정신의 본고장 진주 출신답게 하 대표는 늘 기업인의 자세를 고민한다.

"젊은 시절 미치도록 하고 싶은 일이 있었으면 좋겠다는 생각을 했습니다. 의상 디자인을 전공하고 디자이너로 일할 때 저는 좋아하는 일을 하는 줄 알았습니다. 누구보다 열심히, 그리고 빨리 일했고 내부적으로도 외부로부터도 좋은 평가를 받았어요. 그런데 늘 일이 끝나고 나면 보람 있었다는 여운보다, 해치웠다는 개운함이 먼저 들었습니다. 지나고 나서 생각하니 재미가 있는 일이 아니었던 거죠."

다른 직업에 종사할 때도 마찬가지였다. 헤드헌터에게 스카웃되어 영입 인재로 모셔질 때에도, 우연한 기회에 식품가공 회사에 입사해 영업 담당 임원으로 일할 때도 성취욕이나 만족할만한 보상은 있었지만, 도무지 일에 대한 재미는 느껴보지 못했다. 그런 하 대표가 처음으로 재미를 느낀 일이 호텔업이다.

"2000년대 초반 호텔 인테리어 공사를 할 때 현장에서 인부들, 그리고 직원들과 함께 힘든 작업을 같이 하기도 했습니다. 얼마나 힘들었는지 잘 먹고 잘 자는데 체중이 6킬로그램이나 빠지더군요. 하지만 정말 재미있었어요. 호텔 일이 천직인가 봐요."

비단 공사중이 아니더라도 호텔 종사자는 육체적으로도 결코 쉬운 직업이 아니다. 서버들의 경우, 앉지도 못하고 종일 서서 일하느라 관절이나 근육에 무리가 갈 때도 많고, 고객들을 대응하느라 세심하게 신경을 곤두 세우다보면 정신적인 피로도 만만치 않다. 정신과 육체 노동 두 가지 모두를 수행하는 '극한 직업'인 셈이다. 그런데도 하 대표는 재미있다는 말을 여러 번 반복한다. 진심으로 재미를 느끼지 않으면 나올 수 없는 표현이다.

"어느 날 텔레비전에서 개그맨 정종철씨가 코미디가 너무 하고 싶었다는 얘기를 하더라고요. 무릎을 치며 공감한 적이 있었어요. 그렇

게 하고 싶어 견디지 못하는 게 직업이면 행복한 사람 아닐까요? 미치도록 하고 싶은 일이 있으면 좋겠다는 소원은 결국 이뤄졌습니다. 그런 면에서 때로 몸은 힘들지만 행복합니다."

하승희 대표가 호텔 업무에서 재미를 느끼는 이유는 고객에게 행복을 주는 곳이기 때문이다. 누구나 오기를 꿈꾸는 곳, 호텔은 그런 곳이어야 하고 자신은 그런 곳을 만들어야 하는 책임감으로 최선을 다하는 것이다.

하 대표가 호텔을 좋아하는 두 번째 이유는 가치를 만드는 곳이기 때문이다. 가치가 있어야 만족이 있다고 믿는 하 대표에게, 호텔은 고객과 서버 모두 자신의 가치를 증명하는 곳이다.

"저희 호텔에서 하는 웨딩은 시간이 빠듯하지 않습니다. 결혼식의 주인공인 당사자들뿐만 아니라 축하해주러 오는 하객들도 행사가 아니라 파티로 인식할 수 있도록 일부러 웨딩과 웨딩 사이의 텀을 길게 잡습니다. 결혼식 1개를 더 끼워 넣으면 호텔의 수익은 늘어나겠지만, 그렇게 되면 가치는 당연히 반감되겠죠."

돈 욕심이 아니라 가치에 대한 욕심이 있다는 것을 일깨워주는 말이다. 서로의 가치를 인정하며 존중이 이뤄지는 곳, 그곳이 바로 하승희 대표가 지향하는 호텔이다.

"기업인의 자세나 경영 마인드도, 현장의 호텔리어처럼 가치를 증명하는 과정이어야 한다고 믿습니다. CEO가 뚜렷한 비전과 목표 아래 자신이 추구하는 가치를 만들고, 그 가치를 좇아 인재가 모여들어 기업문화가 만들어지고 더 새로운 기대를 품게 되는 곳, 기업과 호텔의 공통점이 참 많기도 하군요. 저는 그런 가치를 만드는 현장에서 일하는 사람입니다."

여느 CEO들처럼 자신이 이끈다는 표현을 좀처럼 하지 않는 하승희 대표, 존중이 몸에 밴 품성이다. 은연중에 새로운 시대의 리더는 저런 모습이어야 한다고 믿게 된다.

하승희 대표는…

아시아레이크사이드 호텔 대표, F&B전문 업체 ㈜호승 대표(오담채/도비치아), ㈜MMR 대표, 2024년 국무총리 관광유공자 표창

43년 패션 장인,
'K-패션'의 뉴웨이브 이끌다

한국CEO경영대상
혁신크리에이티브 부문

한만순 라인컬렉션·옴므 대표

한만순이라는 이름은 오랜 시간 단단히 뿌리내린 느티나무다. 패션업계에 첫 발걸음을 내디딘 순간부터, 그의 손끝에서 피어난 옷감의 결은 시간의 흐름 속에 깊고 짙어졌다. 43년이라는 긴 시간동안 창의적인 도전으로 트렌드를 선도하며 맞춤복 디자인 패션 세계를 창조온 그는 다양한 패션쇼 개최, 많은 연주자들과 배우들의 의상 협찬, 퀸 매거진 표지 의상을 담당하며 패션산업의 트렌드를 주도해 왔다. 끊임없는 혁신을 향한 그의 열정은 여전히 현재진행형이다. 최근 시대를 초월하는 우아함과 컨템포러리한 감각을 겸비한 라인컬렉션은 패션과 예술의 경계를 자유롭게 넘나들며 K-패션의 새로운 물결을 일으키고 있다.

한만순 대표가 43년 간 고객과 마주 앉아 눈빛 주고 받으며 함께 살아낸 삶, 흘려보낸 시간에는 이런 뜻이 내포되어 있다. 시간이 흐른다는 건 차곡차곡 무언가를 쌓아 간직하는 일, 앞서 걸어간 이의 발자국은 뒤따르는 이가 깨어나 도전하게 만드는 단단한 기반이 된다는 것을.

패턴과 소재가 만나 이야기가 되고, 그 이야기는 다시 고객의 삶 속에서 새로운 생명을 얻는곳, 바로 한만순 대표의 작업실이자 라인컬렉션 매장이다. 이곳에 만난 한 대표는 잔잔한 미소를 곁들인 다정한 안부와 따뜻한 차 한잔을 건넸다. 우리는 창가 쪽 넓은 탁자에 앉아 이야기를 시작했다. 그 즉시 매장 안은 자상함과 다정함의 공기가 은은하게 맴돌았다.

한 대표는 상대에게 한껏 몸을 기울여 듣는 사람이었다. 긴 인터뷰에도 피곤한 기색없이 상대를 향한 잔잔한 미소는 한결같았다.

이번 인터뷰에서 드러난 경영자로서 그의 관점은 '함께', '포용'으로 향한다. "절대 적을 만들지 않는다"는 그만의 삶의 철학에서도 드러나듯 그의 패션은 세상을 품어 안는 넉넉한 마음에서 우러나온다. 직원들과는 가족과 같은 정을 나누고, 오랜 세월 함께한 고객들과는 깊은 인연을 이어간다. 이처럼 한 대표의 리더십은 따뜻한 봄볕처럼 포근하면서도, 한여름의 태양처럼 열정적이다.

"당신의 일을 사랑하세요. 그것이야말로 위대한 일을 하는 유일한 방법입니다." 스티브 잡스의 말처럼, 자신의 일에 대한 사랑을 망설임 없이 실천해온 한 대표는 43년이 지난 지금도 여전히 도전 정신과 혁신에 대한 열정으로 가득했다. 그의 혁신 정신은 '제1회 한국CEO경영대상'에서 창의혁신 대상을 수상하며 그 가치를 인정받았다.

"패션만을 바라보며 살아온 지난 40여 년이 주마등처럼 스쳐 지나갑니다. 저는 작품을 만들 때 가장 행복을 느낍니다. 힘든 고비도 많았지만 작품 활동을 하고 있다는 자체가 저에겐 가장 소중하고 아름다운 시간이었습니다. 앞으로도 고객 한 분 한 분과 소통하고 교류하며 맞춤형 패션을 실현해 편안하지만 화려한 K-패션의 새로운 시대를 열겠습니다."

한 대표가 한 땀 한 땀 빚어내는 옷들은 단순한 의상이 아니다. 43년이라는 시간이 빚어낸 예술이다. 패션을 통해 고객의 삶을 표현하고자 했던 그녀의 여정은 마치 오랜 세월 자리를 지켜온 느티나무처럼 깊이 있는 생의 그늘을 만들어내고 있다. 누구나 기대어 쉴 수 있는 너른 그늘처럼 한만순이라는 이름은, 그렇게 우리 시대의 패션을 넘어 하나의 문화로 안착했다. 작품 하나하나에는 시간이라는 매력적인 주름이 깃들어 있고, 그 주름 사이로 수많은 이야기가 숨 쉬고 있다. 그것은 단순한 옷이 아닌, 우리 시대의 아름다운 기록이 되어 세상을 수놓는다.

꿈과 가능성을 재단하는 창업자의 여정

라인컬렉션의 태동은 '순수한 꿈', '좋아하는 마음'에서 시작된 역사다. "간절함에서 시작됐어요. 패션 디자인에 대한 확고한 꿈이 있었거든요"라고 회상하는 그녀의 목소리에는 여전히 그때의 열정이 깃들어 있다.

꿈을 현실로 만들어 갈 수 있었던 건 과감한 '도전 정신'이었다. 고향 담양을 떠나 서울로 향한 그녀의 선택은 패션이라는 광활한 세계로 향하는 도전의 첫 관문이었다. "아카데미를 졸업하고 나서도 계속 배웠어요. 패턴, 디자인 등 개인 레슨을 해가며 더 깊고 넓게 공부했죠." 이처럼 '좋아하는 마음'은 한 발짝 한 발짝 그녀의 걸음을 이끌었다. 끊임없이 배우고 쌓으며 '패션 디자이너'로서 도전의 발판을 마련했다.

"실무 경험을 쌓기 위해 종로의 다섯 곳의 의상실을 거치며, 현장의 생생한 감각을 익혔습니다. 하지만 그때도 빨리 브랜드를 만들고 싶다는 마음이 컸어요. 오랜 시간 꿈꾸던 저만의 이야기를 담고 싶었거든요."

한만순 스타일에 대한 확고한 철학, 의지가 남달랐던 그는 처음부터 자신의 브랜드를 꿈꿨다. 이는 단순한 모험이 아닌, 자신만의 브랜드를 향한 명확한 신념의 표현이었다.

청량리에서 시작된 그의 브랜드는 '맞춤복'이라는 특별한 영역에서 첫발을 내딛었다.

"고객과의 소통이 가장 중요해요. 고객 각자의 성향과 취향이 있으니까요. 그걸 이해하고 때로는 설득도 하면서 신뢰를 쌓아가는 과정이었습니다." 그의 경영 철학은 강남으로 매장을 확장하는 과정에서도 변함없이 이어졌다. 특히 품질과 디자인 퀄리티 만큼은 절대 타협하지 않았던 라인컬렉션은 덕분에 독보적인 정체성, 고객과의 신뢰를 단단하게 구축할 수 있었다. 이는 43년이라는 시간 동안 변함없이 지켜온 가치이자, 앞으로도 이어갈 약속이다.

"최고의 소재로 최고의 옷을 만드는 것, 그게 제 신념입니다."

한 대표의 창업스토리는 꿈을 향한 흔들림 없는 신념, 끊임없는 학습에 대한 열정, 그리고 고객을 향한 진정성이 만들어낸 도전의 여정이다.

장인의 손길로 이어온 라인컬렉션의 가치

라인컬렉션은 43년간 '한만순 다움'이라는 특별한 철학과 가치를 고수하며 성장해왔다. 최고급 소재를 찾아 35년간 스페인 카데나와 신뢰 관계를 이어오고, 고객 한 명 한 명의 이야기에 귀 기울이며 맞춤형 가치를 창출해온 여정은 패스트패션이 지배하는 현대 패션 시장에서 특별한 존재감을 발한다. 특히 라인컬렉션만의 차별화된 가치는 크게 네 가지 축으로 구현된다. 첫 번째는 최고급 소재에 대한 고집이다.

"최고의 소재를 사용해 디자인한 옷은 어디에 내놓아도 손색이 없습니다. 질감만으로도 특별함이 느낄 수 있습니다."

라인컬렉션은 시중에서 쉽게 구할 수 없는 특별한 원단을 고수한다. 레이스, 블랑, 실크, 니트, 트위드 등 엄선된 소재들은 단순한 옷감이 아

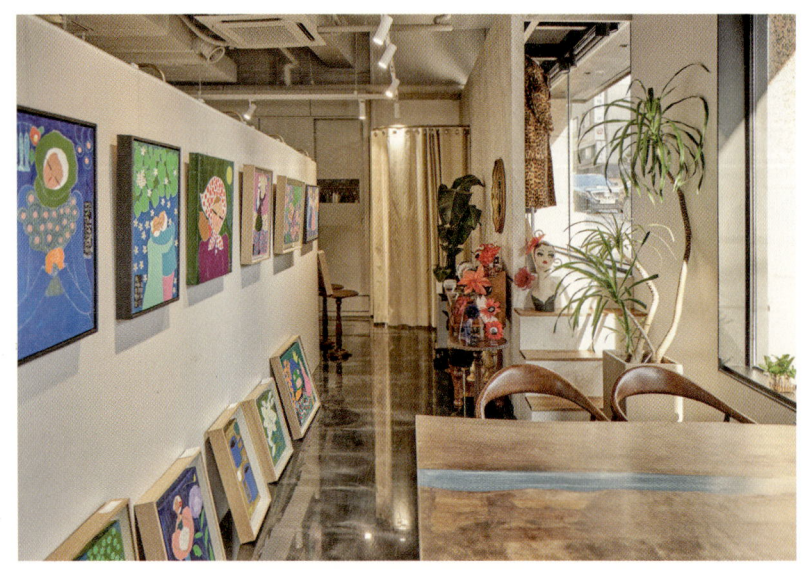

닌 브랜드의 정체성을 대변한다.

두 번째는 고객과의 깊은 소통을 중요한 가치로 여긴다. "고객마다 소재에 대한 선호도와 개성이 다릅니다. 저는 그들의 취향을 존중하면서도, 때로는 부드럽게 설득하여 더 나은 선택을 할 수 있도록 돕습니다" 일방적인 추천이 아닌 섬세한 소통으로 고객의 취향을 이해하고 점진적으로 변화를 이끌어내는 한 대표의 소통 방식은 30년 이상 이어지는 단골 고객들을 만들어냈다.

세 번째는 미래를 바라보는 통찰력이다. 라인컬렉션은 환경 문제에 깊은 관심을 가지고 친환경 소재 개발과 지속 가능한 패션쇼를 준비하며 책임감 있는 브랜드 철학을 실천하고자 한다.

무엇보다도 그의 진면목은 인간 중심의 경영 철학에서 드러난다.

"사랑으로 보듬는다면 해결하지 못할 일이 없다고 믿습니다."

이러한 그의 신념은 브랜드의 근간을 이룬다. 직원들과 가족 같은 관계를 유지하고, 협력업체와는 수십 년간 신뢰 관계를 이어오는 그의 리더십은 라인컬렉션만의 독특한 기업 문화를 만들어냈다. 이러한 차별화 전략들은 단기적 이익이 아닌 오랜 시간 축적된 신뢰와 가치를 바탕으로 한다. 라인컬렉션이 오랜 시간 패션계에서 독보적인 위치를 지켜올 수 있었던 것은 바로 이러한 본질적 가치에 대한 흔들림 없는 추구가 있었기 때문이다.

패션과 예술의 경계를 넘나들다

라인컬렉션의 43년 역사가 증명하듯 한 대표는 단순한 의상 제작을 넘어 패션계의 새로운 지평을 열어왔다. 그의 여정은 맞춤복이라는 전통적인 영역에서 시작되었지만, 끊임없는 혁신과 도전을 통해 패션과 예술의 경계를 자유롭게 넘나드는 창의적 플랫폼으로 진화해왔다.

특히 그의 패션쇼는 단순한 의상 전시를 넘어 문화적 이벤트로 자리매김했다. 매 시즌 50~60벌의 작품을 선보이며, 트렌드를 선도하는 메가톤급 패션쇼를 통해 업계에 신선한 반향을 일으켰다. 2019년에는 세계적인 일러스트레이터 메간헤스와의 혁신적인 협업을 성수동 갤러리아 홀에서 선보이며, 아시아 최초의 의미 있는 성과를 이룩했다. 이는 루이비통, 샤넬, 구찌와 같은 글로벌 럭셔리 브랜드들과 어깨를 나란히 하는 그의 예술적 역량을 증명하는 계기가 되었다.

라인컬렉션의 혁신은 여기서 그치지 않는다. 2023년 문화체육관광부 주최 '한글주간'의 '한글글꼴 패션쇼' 메인 디자이너로 활약하며 전통문화와 현대 패션의 창의적 융합을 선보였다. 또한 시니어 패션 모델이라는 새로운 트렌드를 읽어내고, 2024 아시아 모델 페스티벌에서 35명의 시니어 모델과 40명의 외국인 모델을 통해 세대와 국경을 초월한 다양성의 가치를 무대에 올리기도 했다.

압구정동의 라인컬렉션 매장은 그의 예술적 비전을 온전히 구현하는 공간이다. 수 많은 화가들의 작품이 전시된 이곳은 단순한 의류 매장을 넘어 예술적 영감이 교차하는 문화적 플랫폼으로도 기능한다. 여기에 3년 전 런칭한 남성복 라인 '옴므'는 강인함과 세련됨의 절묘한 균형을 통해 현대 남성의 새로운 정체성을 제시하며 업계의 호평을 받고 있다. 이처럼 라인컬렉션은 단순한 의복 제작을 넘어 예술, 문화, 그리고 사회적 가치를 아우르는 총체적 플랫폼으로 진화할 수 있음을 보여준다. 그의 끝임없는 도전과 혁신은 한국 패션 산업의 새로운 이정표를 제시하고 있다.

인간중심 경영을 디자인하다

한 대표의 경영 철학은 화려한 패션쇼의 무대 너머, 인간에 대한 깊은 이해와 존중에서 시작된다.

"우리가 사랑으로 보듬으면 안 되는 건 없는 것 같아요. 직원이든, 고객이든, 협력사든 모든 관계는 진심에서 시작됩니다." 이 말은 단순한 경영 철학을 넘어 삶의 태도를 보여준다. 직원들을 단순한 스텝이 아닌 가족으로 대하는 그의 철학 덕분에 업계 베테랑들과 20년 이상 함께 호흡을 맞추고 있다.

고객과의 관계에서도 그의 인간 중심 철학은 빛을 발한다. "고객의 이야기를 듣는 것이 가장 중요해요. 그분들의 취향과 개성을 이해하고, 때로는 부드럽게 설득하면서 신뢰를 쌓아가는 거죠." 이러한 그의 접근 방식은 고객의 브랜드 로열티를 높이는 데 크게 기여했다.

협력 관계에 있어서도 그의 철학은 특별하다. '절대 적을 만들지 않는다'는 그의 신념은 35년간 스페인 원단 협력업체인 '카데나'와 유지해온 파트너십처럼 지속 가능한 관계의 토대가 되었다. '진정성 있는 관계야말로 가장 견고한 비즈니스의 기반'이라는 그의 통찰은 현대 경영의 본질을 짚어낸다.

인간 중심 철학은 환경과 사회에 대한 책임으로 확장됐다.

한만순 라인컬렉션·옴므 대표

"환경을 생각하는 친환경 패션쇼도 계획하고 있습니다. 다음 세대를 위한 책임감도 중요하다고 생각합니다." 한 대표의 사회적 책임감은 라인컬렉션의 지속 가능성으로도 연결된다. 이처럼 한 대표의 경영철학은 인간에 대한 깊은 이해와 존중을 바탕으로 한다. 그의 리더십은 패션이라는 창의적 영역에서 인간 중심의 가치가 어떻게 지속 가능한 비즈니스로 이어질 수 있는지를 보여주는 생생한 증거다.

"진정한 패션은 사람을 위한 것이어야 하고, 진정한 경영도 사람을 위한 것이어야 합니다." 그의 말은 현대 경영의 본질적 가치를 다시 한번 일깨운다.

디자인의 본질을 탐구하다

급변하는 패션 시장 한가운데 깊게 뿌리내린 한 대표의 디자인 철학은 현대 패션의 단순한 트렌드를 넘어 깊이 있는 창작의 본질을 탐구

한다.

"디자인은 고정관념과 차별화를 넘어서는 시대정신의 표현이어야 합니다."

그는 현대 패션 디자인의 새로운 방향성을 제시한다. 특히 디자이너가 가져야 할 창의적 발상에 대해서 그는 발상은 결코 우연히 이루어지지 않는다며 이는 꿈과 현실이 만나 창조되는 복잡한 여정이라고 강조했다. 특히 창의적 디자인은 단순한 영감이 아닌 체계적인 훈련과 깊은 통찰에서 비롯됨을 강조했다.

그는 '독창성'을 새로운 관점에서 해석하기도 했다. 독창성이 단순히 새로운 것을 만드는 것이 아니라, 깊은 사고와 노력으로 완성된다는 것이다. 창작의 본질이며, 다른 디자인과 차별화되는 핵심 요소인 독창성에 대한 그의 철학은 패션 디자인의 진정한 가치가 어디에 있는지를 명확히 보여준다.

또한 한 대표의 디자인 방법론은 체계적이고 구체적이다. 디자인은 단순히 기능성과 편리함을 넘어, 새로운 전달력과 독창성을 추구해야 한다는 그의 신념은 세 가지 단계로 구체화된다. 첫 번째로 발상의 기본 개념을 이해하고, 두 번째로 패션 디자인의 고유한 특수성을 파악하며, 마지막으로 창조적 아이디어를 실현한다. 이러한 단계적 접근은 완성도 높은 디자인을 추구하는 그녀의 철학을 보여주는 대목이다.

또한 한 대표는 끊임없는 학습과 탐구를 통해 창작이 이뤄진다고 믿는다.

"디자이너의 풍부한 아이디어는 결코 우연이 아닙니다. 그것은 의도적으로 길러진 훈련의 결과물입니다."

지속적인 학습과 탐구를 실천해 온 한 대표. 그의 말은 창작이 기술적 숙련을 넘어 시대정신을 예술적으로 승화시키는 총체적인 과정임을 설명한다. 시대의 흐름을 읽어내는 능력과 이를 창의적으로 풀어내는 그녀의 접근 방식은 단순한 패션을 넘어선 예술적 가치를 담고 있다.

이처럼 한 대표의 철학은 빠르게 변화하는 패션 산업에서 본질적 가치를 잃지 않고, 지속 가능한 디자인의 길을 찾는 데 중점을 둔다.

"빠르게 변하는 트렌드 속에서도 디자인의 본질적 가치를 놓쳐서는 안 됩니다."

창의성과 독창성을 바탕으로 지속 가능한 패션의 새로운 가능성을 제시하며 라인콜렉션의 성장을 디자인하는 한 대표. 그의 디자인 철학은 현대 패션 산업에 중요한 시사점을 제공한다.

미래를 디자인하다

새로운 도전을 향한 한 대표의 눈빛은 시간이 흘러도 여전히 투명하다. 앞으로의 그의 계획은 단순한 사업 확장을 넘어, 패션을 통한 사회적 가치 창출이라는 더 원대한 비전을 향하고 있다.

"모든 경험과 열정을 담아낼 개인 패션쇼를 준비하고 있다"는 그의 계획은 단순한 의상 전시를 넘어, 그의 철학과 예술성이 응축된 종합 예술 무대가 될 것으로 기대를 모으고 있다.

특히 환경 등 사회적 책임에 대한 소신도 밝혔다.

"친환경 원단 등을 활용한 패션쇼도 기획하고 있어요. 우리의 미래를 위해 꼭 필요한 일이니까요." 이는 단순한 트렌드가 아닌, 패션 산업의 지속 가능한 미래를 위한 진정성 있는 도전이다.

머릿속의 패션쇼를 하나하나 펼쳐 보이는 그의 눈빛에는 처음의 열정이 그대로 살아있다. 이 무대는 단순한 의상 전시를 넘어, 그의 철학과 예술성이 응축된 종합 예술로 완성될 것으로 기대를 모으고 있다.

특히 사회 공헌에 대한 그의 행보도 주목할 만하다. 한국여성유권자연맹과 함께하는 활동을 통해 "패션으로 사회적 가치를 창출하겠다"는 남다른 의지를 보여준다.

40여년이 흘러도 여전히 패션업계의 '창의와 혁신의 아이콘'으로 자리하고 있는 한 대표.

"우리는 더 과감하고 세련된 도전을 계속해야 합니다"라는 그의 철학은 패션을 향한 열정, 도전의 여정이 여전히 현재진행형임을 보여준다.

특히 '장인정신으로 빚어낸 한 벌의 옷이 수십 벌의 일회성 패스트 패션을 능가한다'는 그의 소신은 현대 소비주의에 대한 예리한 성찰을 담고 있기도 하다. 이는 지속가능한 패션의 본질을 꿰뚫는 선구적 통찰이다.

한 대표가 그리는 패션 사업의 청사진은 단순한 사업 전략을 초월한다. 그것은 패션이라는 매개체를 통해 환경, 사회, 예술이 유기적으로 융합되는 혁신적 패러다임을 제시하는 원대한 프로젝트다. 패션은 우리 시대의 문화적 언어다. 세월이 흘러도 변함없는 혁신리더의 깊이 있는 통찰은 패션 산업을 넘어 시대가 나아가야 할 방향을 제시한다.

한만순 대표는...

라인컬렉션&옴므 대표이사, 라인옴므(남성복 브랜드) 론칭, 퀸 매거진 표지 의상 담당 (2016년부터), 세계적 일러스트레이터 메간 헤스와 협업 패션쇼 개최 (2019년)

한만순 대표의 '디자인 철학'

'사랑하는 사람을 생각하는 마음으로'

디자이너는 일상적인 것들에 관심을 갖고 문화적인 변화 가치, 시장의 트렌드를 깊게 관찰해야 한다. 또, 책임감과 용기를 갖고 아름다운 디자인을 창조하기 위해 자신의 머리와 가슴을 이용해야 한다. 새로운 유행을 창출해야 하는 패션디자이너에게는 패션에 대한 전문지식과 다양한 소비자의 욕구와 트렌드를 읽어내는 능력은 물론이고 독창적인 아이디어로 새로운 패션 가치를 창출할 수 있는 총제적인 능력이 요구된다.

현재 우리 사회는 감성시대이다. 창의적인 감성시대란 곧 디자인 중심의 시대라는 뜻으로 '사랑하는 사람을 생각하는 마음'으로 앞서가는 감성시대를 이끄는 창의적 책임을 다하기 위해서는 고정관념을 깨는 프로세스, 즉 창의적인 아이디어를 만들어내는 것이 맞다.

발상이란 무엇인지, 발상을 어떻게 하면 되는지에 대하여 궁금해 하지 않을 수 없다. 창의적인 아이디어는 기존 정보와 새로운 정보의 혼합으로 만들어지며 이러한 창의적인 아이디어를 생각해내는 예술적 표현 활동을 발상이라고 한다.

현대사회에서는 소비자의 욕구가 다양해지고 전문화되며 점차 고급스러워지고 있다. 소비자 욕구를 만족시킬 수 있는 중요한 경쟁력은 당연히 새로움과 독창성에 있다. 독창성은 유일하게 존재한다는 희소성과 가치를 강조하며 감성적인 전달이 가능한 새로움을 창출한다는 목표를 가지게 된다.

현대는 다양화, 고급화, 차별화가 요구되는 시대로 서로 다른 요소들이 공존하면서 균형을 잃지 않는 디자인 감각과 기술 등이 어느 시대보다도 중요해진 시기이기도 하다. 오늘날의 패션 디자인은 기능, 감성, 기술 등 다른 요소들이 복합적으로 상호 작용하며 나타나는 새로운 감성적 독창성이 요구된다. 독창성은 일상적이고 관습적이지 않는 생각들을 도출해내는 능력으로 특히 디자인 영역에서의 독창성은 다른 디자인을 모방하지 않고 자신만의 아이디어를 구체화하는 것을 말한다.

따라서 새롭고 독창적인 디자인을 위해서는 풍부한 아이디어를 통한 디자인 발상이 무엇보다도 중요하다. 발상은 노력 없이 우연히 이뤄지는 것이 아니다. 이는 끊임없는 학습과 훈련을 통해 향상될 수 있으므로 디자인의 목적과 대상에 대한 많은 지식과 정보를 가지고 자신만의 독특한 사고 방법으로 발상해 나가려는 노력이 필요하다.

CEO, 위기의 허들을 넘어라

초판 1쇄 인쇄 2025년 2월 25일
초판 1쇄 발행 2025년 2월 25일

지은이 손홍락
펴낸곳 CEO 파트너스

기획·편집 [월간CEO&] 편집국
교열·교정 전해인
에디터 이종진, 김지은, 이연희, 홍소영
디자인 장승은
인쇄·제본 프린팅라운지

출판등록 2009년 7월 2일 제 301-2009-160호

Publication
CEO파트너스 서울특별시 용산구 한강대로 98길 3(갈월동) KCC빌딩 5F
대표전화 02-2253-1114

Marketing agency
CEO파트너스 서울특별시 용산구 한강대로 98길 3(갈월동) KCC빌딩 5F
대표전화 02-2253-1114
홈페이지 www.ceopartners.co.kr

· 책값은 표지 뒷면에 표기되어 있으며, 파본은 교환해드립니다.

ISBN 979-11-950277-4-3
· 이 도서의 국립중앙도서관 출판시도서목록(CIP)은 서지정보유통지원시스템 홈페이지(seoji.nl.go.kr)와 국가자료공동목록시스템(http://www.nl.go.kr/kolisnet)에서 이용하실 수 있습니다.
(CIP제어번호: CIP2013004138)